Hilfe, ich werde 40!

Oder: 40 und fabelhaft

Von

AF130193

Michaela Röder

Impressum

Erstausgabe Juni 2014

Copyright Juni 2014, Michaela Röder, Düsseldorf

Lektorat: Karl Darius

Covergestaltung: Sommersprossen Design

Autoren-Fotos: Torsten Faltin
www.torstenfaltin.de

ISBN: 978-3-735742-06-3

Herstellung und Verlag:

Bod, Norderstedt

Inhalt

Einleitung

Hilfe ich werde 40. Das ist leider nicht nur der Titel dieses Buches, sondern auch die knallharte Wahrheit.

Während ich diese Zeilen schreibe, rast meine 39 endgültig ihrem Ende entgegen, und zwar im Tempo, wie die Schuldenuhr anzeigt, was Politiker uns gerne verschweigen.

Kurz, nachdem ich 39 geworden war, begann ich einen Blog zu schreiben mit dem Titel: „Hilfe, ich werde 40!"

Dies ist nun sozusagen der Blog in gedruckter oder zusammengefasster Form mit zusätzlichen Infos und Kapiteln.

Ich kann es gleich vorwegnehmen, noch ehe meine Torte die Leuchtkraft von Las Vegas bei Nacht erreicht, habe ich herausgefunden, dass die Angst vor der 40 so etwas Ähnliches sein muss, wie die Annahme durch Diätpillen schlank zu werden.

Eine Illusion. Sie ist praktisch nicht vorhanden. Vielleicht redet man sie sich selbst ein? Eventuell will man uns Frauen auch damit unter Druck setzen? Ich bin aber eigentlich keine Freundin von Verschwörungstheorien.

Außer der, dass ich glaube, dass es so ein Gesetz gibt, dass man entweder eine nervige Schwiegermutter mit in die Beziehung bekommt oder eine nervige Ex.

Ich denke, jeder gute Film braucht eigentlich einen Gegenspieler, sonst wird's zu langweilig.

Das ist aber ein ganz anderes Thema.

Ich freue mich, dass ihr mich begleitet auf meinem Weg zur 40. Ich kann im Nachhinein sagen: Es hat gar nicht wehgetan – im Gegenteil!!!

„Mit 40 weißt Du, welche Fehler sich lohnen, noch einmal begangen zu werden."

39 wundervolle Jahre und nun soll alles vorbei sein?

Hier meine Memoiren im Schnelldurchlauf.

Es ist mein 39. Geburtstag und alle begrüßen mich mit einem: Ohhhhh, der Letzte vor der Null."

Warum hat so was keiner auf dem Polterabend vor meiner ersten Hochzeit zu mir gesagt?

Da wäre es nämlich angebracht und zudem sinnvoll gewesen, darüber nachzudenken, ob man diesen Schritt wirklich gehen will.

So ein Geburtstag den hat man sich nämlich nicht selbst eingebrockt, der kommt einfach. Man kann ihn natürlich auch konsequent ignorieren aber dazu feiere ich viel zu gerne.

Wann ich geboren bin, muss ich euch nicht gesondert ausweisen, das wisst ihr ja nun.

Mein Leben verlief sehr harmonisch. Ich rauchte nicht, ich trank nicht, ich war unauffällig und fröhlich. Dann wurde ich eingeschult.

Der Rektor, ein bärtiger aber sonst netter Mann, fragte mich:

„Naaaa Michaela, freust du dich denn schon auf die Schule? Hier lernst du Lesen, Schreiben und Rechnen."

Ich schüttelte sogleich den Kopf, denn ich hatte meiner Mutter extra gesagt, sie solle mich nur und ausschließlich, für Lesen und Schreiben anmelden. Sie hatte immer nur gelacht - was ich als Bestätigung empfand.

Man wollte nicht auf mich hören und prinzte mir trotzdem jahrelang Mathematikunterricht an.

Es hat leider nie wirklich etwas gebracht.

Da ich aber aus Prinzip alles positiv sehe, denke ich mir einfach es war gut, um heute meine Einnahmen zu verwalten.

Ich wuselte mich geschmeidig durch meine Schulzeit, wurde dann jung Mutter und wuselte mich weniger geschmeidig durch mein Studium, meine erste Ehe und andere Schwierigkeiten, die sich bei der Selbstversorgung ergeben.

Nein, das waren keine einfachen Jahre und ich fühlte mich auch nicht immer sehr wohl und wie auf Wolken gebettet.

Den Höhepunkt meines altersbedingten Unwohlseins erreichte ich jedoch an meinem 30sten Geburtstag.

Ich wollte viel weiter gekommen sein, hatte mich in die romantische Vorstellung verfranst, dass 30 der magische Schlüssel sei, der einem Tür und Tor zur Wunderwelt öffnete. Stattdessen manövrierte ich mich in ein Burn-out.

Ich lernte in monatelanger Kleinstarbeit, dass man sich selbst nicht überholen kann, so großartig die Ziele auch sein mögen. Ich lernte schließlich, mir einen Plan zu machen.

Einen Tagesplan, einen Wochenplan und schließlich so was wie einen kurzfristigen Lebensplan.

Diese Pläne habe ich nun in den letzten Jahren verfolgt, natürlich mit kleinen

Aussetzern und Ausflüchten. Es ist, glaube ich so:

Leben ist das, was passiert, während man andere Pläne macht. Oder?

Wie auch immer!

Es hat mich bis hierhin gebracht und ich bin ganz schön zufrieden um nicht zu sagen stolz.

Meine Bilanz bis hierher:

2 Ehen (eine davon besteht seit 14 Jahren immer noch)

3 tolle Kinder (zwei davon haben bereits ihre Ausbildungen absolviert und ich bin unsagbar stolz)

Mehrere Bücher (beim letzten Zählen waren es glaube ich 9)

Viele, viele Beratungen in Sachen Leben, Lieben und andere Gemeinheiten.

Einige Schicksalschläge.

Aber das Großartigste aller Zeiten: Ich habe mich selbst gesucht, gefunden, kennengelernt und mit mit Freundschaft geschlossen.

Ich finde, das war die Reise allemal wert.

Und dennoch mache ich mir etwas Sorgen, ob die 40 mich nicht in eine Art Bermudadreieck der Selbstverwirklichung zerrt und mich in eine Verwirrung stürzt.

Seid dabei und erlebt was passierte, als ich 40 wurde.

Oh Gott: 40?

Ja, falls ich nicht von einer pinken Stretchlimo überfahren werde, werde ich 40.

Seht her:

Sie geht auf die 40 zu. Ein Raunen geht durch den Saal oder über den Tisch oder wann immer ich dummerweise erwähne, dass ich 40 werde.

Alle setzen so ein: „Ne-du-ist –doch-total–ok-wenn-man-das-Leben-fast-hinter-sich-hat-Gesicht" auf.

Eine Bekannte verdreht sogar einmal total genervt die Augen und teilt mir mit schriller, aufgesetzter Stimme, schön durch die Nase, mit:

„So was erzählt man doch nicht. Eine Frau wird nicht 40. Sie wird immer 39. Ein ganzes Leben lang."

Ok, man muss nun auch dazu sagen, dass diese Bekannte immer genau weiß, was zu tun und zu lassen ist, allerdings blamiert sie sich dabei meist bis auf die Knochen.

Sie ist so der Typ: "Schwimm mit dem Strom aber versuche dabei supercrazy und individuell zu wirken."

Für so etwas denke ich aber viel zu gern.

Während ich mich noch bemühe nun ein:

„Endlich-hab-ich-es-auch-kapiert-Gesicht" aufzusetzen, setzt mein Gehirn doch noch zuverlässig ein und ich denke, dass die und all die anderen, die Frauen so einen Quatsch erzählen wollen, eigentlich total bescheuert sind.

Weil:

Natürlich wird eine Frau 40 und wie sie das wird. Ganz sicher sogar. Also falls sie nicht vorher vom Bus oder einen pinken Stretch-Limousine überfahren wird, ist es sogar sehr wahrscheinlich, dass besonders DIESE Frau, die hier grade schreibt, im kommenden April 40 wird.

Es ist doch total bescheuert immer 39 sein zu wollen und ich glaube, es bringt nicht viele Vorteile mit sich, wenn ich mich um Jahrzehnte jünger mache. Das könnte sogar fürchterlich nach hinten losgehen.

Wenn ich in zehn Jahren noch behaupte, dass sich erst 39 sei, denken alle im „Stillen": „Mein Gott, dafür ist die aber runzelig."

Ok, die Anderen haben dann ein gutes Gefühl. Nach dem Motto: „Ein Glück hab ich mich besser gehalten."

Nicht, dass es mich interessiert, was andere denken. Darüber bin ich, dank meines fortschreitenden Alters, nämlich auch bereits hinweg.

Üble Nachrede empfinde ich bereits als Kompliment.

Ich liebe es inzwischen, Neuigkeiten über mich zu erfahren. Dabei weiß ich natürlich nie: Sind es wirklich Neuigkeiten oder hat bei mir bereits die Altersvergesslichkeit eingesetzt?

Hätte ich soviel Sex mit verschiedenen Männern, wie mir nachgesagt wird, ich wäre eine noch glücklichere Frau mit weitaus glänzenderen Haaren.

Die einen kennen mich – die anderen können mich. So sieht es doch inzwischen aus.

Dieses Forever-Young-Getue ist eh nicht so mein Ding.

Ich meine, es ist doch kein Geheimnis, dass Menschen älter werden.

Fakt ist: Wenn wir den ersten Fuß auf diese kalte Erdenwelt setzen, wissen wir doch schon, dass es unaufhörlich wieder dem Ende entgegen geht.

Was soll also der Mist? Mal abgesehen vom körperlichen Verfall, über den ich mir erst viel später Gedanken machen werde.

Denn, wenn ich so durch den Drogeriemarkt gehe, habe ich schon das Gefühl, dass es für jede einzelne Falte ein eigenes Produkt gibt. Die Lage scheint wohl hoffnungslos aber noch nicht ernst.

Also, mal abgesehen von diesem Verfall, scheint ein emotionaler oder gar psychischer Verfall einzusetzen, wenn man den Sagen und Legenden rund ums 40 werden glauben mag.

Eventuell stammen diese Geschichten aber sowieso von Menschen die, als sie den ersten

Fuß auf diese Erdenwelt setzten, gleich mit dem falschen Fuß aufgestanden waren.

Solche Menschen, die das Leben grundsätzlich mit einem gewissen, nicht niederzuringendem Argwohn betrachten, begegneten mir in meinem Jahr Recherche zu Hauff. Woraufhin ich auch entschied, eine Neuauflage des Pink-Thinker Buches zu veröffentlichen.

Erste Hilfe, sozusagen.

Eine Nachbarin fragte mich, von mir auf die magische 40 angesprochen:

"Hattest du schon den: Ist-das-schon-alles-gewesen Moment?"

Sie fragte nicht einfach, das wäre der 40 auch nicht angemessen gewesen. Sie zog dabei die Luft so durch die Zähne. Immer, wenn man das kann, hat man noch ein paar Echte.

Nachdem sie mir diese dramatische Frage gestellt hatte, machte ich ein ratloses Gesicht.

Wie, den: "Ist-das-schon-alles-gewesen-Moment?".

Leider nein, den hatte ich noch nicht. Ganz sicher nicht.

Meinem Gefühl nach habe ich grade den:

"Jetzt-geht's-aber-endlich-mal-richtig-los-Moment."

War dies etwa nur das letzte Aufbäumen vor dem Tod? Bin ich etwa nur die bescheuerte Pink-Thinkerin, die vom Untergang ihres persönlichen Jungseins nichts mitbekommt?

Die, die immer versucht alles positiv zu sehen und am Ende voll eins von der 40 auf die Nuss bekommt?

Was ist so schlimm, am 40 werden? Seit Jahren höre ich immer nur: „40 – oh Gott."

Oh Gott?

Ich fühle mich aber nicht: "Oh Gott". Oder kommt das noch? Gibt es etwa einen Zeitpunkt für „40 - oh Gott?"

Wenn ja, dann ist es definitiv noch nicht soweit, sorry.

Mit 30. Ja mit 30, da ging es mir richtig schlecht.

Jetzt? Jetzt geht es mir blendend.

Ich habe im Grunde das Meiste, was ich wollte, schon erreicht.

Tolle Kinder, einen tollen Mann, tollen Job. Ich wollte ein Buch schreiben nun sind es viele.

Ich bin gesund.

Nicht reich aber immerhin reich an Erfahrung. Oder sagen wir mal reicher an Erfahrung.

Zum Glück!

Wenn ich da nur an das schreckliche Alter 20 denke.

Hiiiiilfe. Den falschen Mann an der Backe, die Kinder noch klein. Keinen Plan von nix. Das Selbstbewusstsein irgendwo versteckt, hinter tonnenweise Make-up und platinblond gefärbten Haaren.

Nein, zum Glück kam mir alsbald die Erleuchtung, was ich wirklich einmal werden will und arbeitete stetig auf meinen Plan hin.

Keinesfalls: 20 möchte ich nicht mehr sein!

Ich weiß, was ich kann und was nicht und habe auch endlich verstanden und akzeptiert, das sich keinen hochprozentigen Alkohol vertrage und auch nicht mehr als ein Glas Sekt.

Ihr mögt lachen aber diese Dinge sind wichtig.

Was ich euch also damit sagen möchte und ich mache es somit offiziell:

ICH WERDE 40 UND ICH FREUE MICH AUF DIESEN GROSSARTIGEN TAG.

So ist es und ich werde es feiern.

In den weiteren Kapiteln werde ich euch über einige Dinge auf dem laufenden halten. Zum Beispiel:

Wann kommt das: "OH GOTT- 40"?

Oder:

Kommt es überhaupt?

Wird der körperliche Verfall noch einsetzen oder:

Was um Himmels willen muss ich tun, damit dies auf keinen Fall passiert?

Werde ich demnächst über die Straße geführt?

Wir werden es erleben.

Der große Umbruch

Für dieses Kapitel (Blogeintrag) habe ich mir in Bezug auf:

„Hilfe, ich werde 40", Gedanken über den grooooßen Umbruch gemacht.

Der ja anscheinend, schlagartig, einer Frau mit 40 einfach so passiert.

Ein ansonsten sehr charmanter Kollege sprach mich auf mein neues Blogprojekt an und orakelte schmunzelnd:

„Jaja mit 40, da geht bei den Frauen noch mal richtig die Post ab."

So?

Danach nie wieder oder nur dann? Was darf ich darunter verstehen?

Kommen jetzt die Tage, nach den Tagen?

Ich frage mich, warum der groooße Umbruch überhaupt mit 40 kommen soll?

Ist das so was wie die Pubertät bei 14 jährigen, nur eben für Midlifler?

Einer Pubertät kann man nicht entgehen, egal wie cool man vorher schon war.

Teil der Pubertät in der Jugend ist das Einsetzen weiblicher, unangenehmer, monatlich wiederkehrender, unglaublich nerviger Tage, voller Fressanfälle, Stimmungsschwankungen und Mordgelüsten, die sich meist in Richtung Männern, Schokoladentafeln, wahlweise auch Chipstüten entladen.

Ist also Teil der Midlife-Pubertät das Einsetzen weiblicher, unangenehmer, in regelmäßigen Abständen wiederkehrender, unglaublicher nerviger Zustände voller Fressanfälle, Hitzewallungen, Stimmungsschwankungen und Mordgelüsten, die sich meist in Richtung Männer, Schokoladentafeln, wahlweise auch Chipstüten entladen?

Vielleicht glauben die Menschen um die werdende 40erin nur, dass dies der große Umbruch im Leben einer Frau ist, weil sie den großen Umbruch mit 12, 16 oder den mit 25, oder den mit 33, gar nicht mitbekommen haben?

Kommt jetzt endlich der Ernst des Lebens, der mir bereits zur Einschulung, zum Abschluss oder zur Geburt des ersten Kindes mit drohendem Unterton prophezeit wurde?

Na dann freue ich mich, ihn nun doch endlich einmal kennenzulernen.

Kann ich den Ernst des Lebens überhaupt ernst nehmen. Er wurde ja schon so oft angekündigt und blieb aus?

Muss man sich um pubertierende 40 Jährige sorgen?

„Nein!" belehrt mich ein anderer Bekannter.

Mit 40, da fällt einer Frau ein, was sie alles verpasst hat in ihrem Leben." (Anm. der Autorin: War sie vorher in Trance oder irgendwie zeitgleich auf einem anderen Planeten? Wird das Leben erst mit 40, ein Leben? Das wäre ungerecht, wo sich doch die ersten Abnutzungsmerkmale zeigen.)

Er weiter:

"Meine Frau ließ sich auf einmal die Haare färben, ging zur VHS und dann sogar wieder

arbeiten. Ich habe sie kaum wieder erkannt und mir Sorgen gemacht. Das war furchtbar."

Ich nicke verständnisvoll aber hinterlistig. Denn in Wahrheit denke ich:

„Jaaa Sorgen hat er sich gemacht. Der Arme. Aber bestimmt nicht um sie, sondern um sich selbst. Es war doch so nett als sie schön vorhersehbar Kinder und Haus hütete und keine Gefahr eines Ausbruchs bestand. Jahaaaa, DAS macht Männern Angst. Gut so Schwester!!!"

Der Umkehrschluss zu ihrem Umbruch wäre also in meinem Fall folgender:

Ich lege meinen Job nieder, bleibe nur noch Zuhause und hüte das Haus (die Kinder hüten sich größtenteils bereits selbst). Ich gehe nicht zur VHS, gehe nicht über Los, sondern ins Gefängnis und warte, bis einer eine Frei-Karte für mich kauft und mich daraus holt?

Ne, das finde ich doof und das kann so vom Leben auch nicht gemeint sein.

Also ist vielleicht die 40 im genetischen Normalfall (eine Frau ist nur dazu da Kinder und Höhle zu hüten), wirklich eine Pubertät, die der Frau signalisiert:

Sooo, du bekommst nun langsam Schritt für Schritt dein Leben zurück?

Nein kann auch nicht sein, es gab in der Steinzeit so was von gar keine VHS und die Menschen wurden auch seltener 40.

Ist 40 werden vielleicht eigentlich das steinzeitliche Sterben?

Und je nachdem wie wir vorher gelebt haben ereilt uns dann bei lebendigem Leibe entweder das Paradies, die Hölle oder der geistige Verfall?

Ist es also doch eine Art Aufholjagd nach Lebenszeit, die wir in der Steinzeit gar nicht hatten?

Oder ist es einfach ein Bonus, der uns neuzeitlichen Menschen an die Pflichterfüllung der Fortpflanzung für gute Zusammenarbeit hintendran gehängt wird?

Ich habe zum Beispiel gar nicht das Gefühl irgendwas verpasst zu haben, im Gegenteil.

Ich glaube, Frauen reden auch gar nicht von diesem mysteriösen Umbruch.

Die weiblichen Kommentare, der letzten Wochen klingen etwa wie:

„Ach 40, das hat doch gar nicht wehgetan" oder: 40? Jetzt beginnt die beste Zeit!

Umbruch oder Zweckoptimismus?

Die beste Zeit des Lebens?

Also doch so ein:

„Jetzt wo ich weiß was ich will, da kann ich gleich mal ohne Umschweife zur Sache kommen und genießen, was ich will."

In der Tat, so ein bisschen ist es wahr.

Frau muss keine Hausaufgaben mehr machen, außer derer die man trotzdem gerne machen will - für die VHS oder so.

Frau hat meistens inzwischen „NEIN"
sagen gelernt und kennt auch ihre
Pappenheimer bestens.

In meinem Fall, hat frau ihre Kinder
auch schon aus dem Gröbsten raus,
also falls man das überhaupt so sagen
kann. Zumindest brauchen sie keine
Windeln mehr oder im Abstand von
vier Stunden Futter).

Genaugenommen lasse ich mir so einen
Umbruch doch sehr gerne gefallen -
falls er kommt.

Wie gesagt, ich bleibe einspannt,
gespannt, was Neues dazu kommt.

Ich werde mich, meine Vorlieben
unbewusste und bewusste Handlungen
genauestens beobachten und Euch
davon berichten.

Ein Nachbar sagte zum Thema, 40 werden:

„Frauen werden dann doch erst so richtig heiß."

Und ich glaube, er meinte nicht die Hitzewallungen!!!

Eure

Michaela Röder

(39, gut erhalten, ungebrochen)

Erwachsen werden und das medizinisch nicht erklärbare Leuchten

Ich habe mir Gedanken gemacht über das Erwachsenwerden.

Ein Teil vom 40 werden fühlt sich für mich so an, als werde ich erwachsen oder sagen wir mal ein bisschen erwachsener.

Ein guter Nebeneffekt dieses speziellen Erwachsenwerdens ist, dass man sich traut authentischer zu sein.

Sich selbst ehrlich der Welt zu zeigen, wie man nun mal ist.

Ok, die schlimmsten Unarten möchte ich euch natürlich trotzdem weitestgehend ersparen.

Zum Beispiel, dass ich Wasserflaschen nie leer trinke und immer einen Schluck drin lasse.

Nein, es hat keinen Sinn. Ich konnte den Sinn auch nach mehrmaligem darüber Nachdenken selbst nicht finden. Vielleicht will ich meinen Mann damit unbewusst zur Weißglut treiben??? Der hasst es nämlich wie die Pest und findet diese Unart verschwenderisch.

Die verkappte Rache einer Fastvierzigerin???

Es ist einfach so ein Tick von mir und nicht der Einzige. Das könnt ihr mir glauben.

Mein Hausarzt, der von mir natürlich auch auf das Thema: „40 werden" angequatscht wurde, gab leider keine befriedigende Antwort.

Ich erwartete etwas wie:

„Mit 40 strafft sich das Bindegewebe von selbst wieder. Sehen sie hier Frau Röder, da geht es bei ihnen schon los."

Leider nicht! Er sagte stattdessen mit weisem Blick:

„Frauen mit 40 bekommen dieses magische, medizinisch nicht erklärbare Leuchten."

Nein, er meinte nicht, den uns Frauen angeborenen Heiligenschein.

Er meinte Charisma.

Eigentlich denke ich, dass jeder Mensch sein Charisma seit seiner Geburt mit sich, um sich, in sich oder wie auch immer, trägt.

Es ist, wie eine Wunderlampe an der man nur reiben muss und das scheint mir unabhängig vom Lebensalter.

Ist ja nicht so, als wenn mit 40 auf einmal *bling* das Licht angeht und schwups ist es da, dieses Leuchten.

Aber offensichtlich hat er recht, denn tatsächlich scheint es so zu sein, dass entweder das Leuchten und Strahlen mehr wird oder aber meine Theorie stimmt und das Leuchten darf von Unter-Tage endlich an die Oberfläche, weil wir uns auf einmal trauen authentisch zu sein.

Bei genauerem Betrachten kommt es mir sogar so vor, als wenn wir unsere Wunderlampe im Laufe unserer Kindheit immer weiter verbuddeln, um so zu sein, wie die anderen uns haben wollen.

Schön bescheiden und angepasst. Bloß nicht laut, auffällig oder speziell.

Erst so um die 40 herum finden wir sie wieder und beginnen sie sauber zu reiben. Manche bekommen Panik, weil sie sich nicht trauen die Wunderlampe zu aktivieren und knipsen stattdessen eine Taschenlampe an.

Ich beschäftige mich seit vielen Jahren mit diesem Leuchten, dass wir auch Charisma nennen. Ich habe viele Menschen dahin gehend beobachtet und zwei unterschiedliche Arten ausgemacht:

Die Leuchter und die Blender.

Die Leuchter, leuchten aus sich selbst heraus und sind einfach in ihrem Leben und bei sich selbst (wieder) angekommen.

Sie machen manchmal auch verrückte Dinge, weil sie ihrem

Innersten entsprechen. Weil sie einfach so sind. Manchmal sind die Leuchter auch sehr unaufgeregt schlicht, dafür aber umso interessanter.

Die Blender fuchteln immer noch mit einer selbst gebastelten Taschenlampe herum und versuchen einen Lichtstrahl dahin zu projizieren, wo eigentlich das innere Licht sein sollte. Auf einmal machen sie verrückte Sachen aber nicht aus sich selbst heraus, sondern weil sie etwas brauchen, worauf sie ihre Taschenlampe richten können.

Ich weiß, nicht ob ich leuchte. Ich weiß nur, dass mir Taschenlampenbasteln zu anstrengend ist.

Mir sagte letztens eine Redakteurin mit anerkennender Miene:

„Ich habe schon den Eindruck, dir scheint die Sonne aus dem A ...“

Ich war ebenso erschrocken wie belustigt. Ich weiß jetzt wirklich nicht, ob das was mit dem „Leuchten“ zu tun hat. Zunächst wollte ich zurück in mein altes Muster zurück. In die sichere, allseits beliebte Bescheidenheit und ich begann, mich unwohl zu fühlen.

Ein Kompliment dafür, dass es einem gut geht? DAS geht ja mal gar nicht. Dieses Kompliment auch noch annehmen und genießen? Nicht bei uns!

Mag schon sein aber so bin ich nicht mehr. Ich habe hart gearbeitet und viel dafür getan, dass mein Leben genau zu mir passt.

Ich sehe die Dinge positiv und ich habe an den meisten Dingen, die ich tue, Freude.

Die Dinge, die ich nicht mag oder mir nicht gut tun, mache ich nach Möglichkeit nicht mehr (auch so eine Nebenwirkung des Erwachsenwerdens).

Vor allem versuche ich mich nicht zu verstellen, authentisch zu sein und mich selbst zu mögen.

Das gelingt mal mehr und mal weniger gut und es bringt mir nicht immer nur positive Resonanz ein. So musste ich leider letztens folgenden Satz über mich hören: „Die Röder, die selbstverliebte Powertussi."

Ich denke regelmäßig über Dinge nach, die man mir oder über mich sagt, aber sie haben nur noch selten Auswirkungen auf das, was ich über mich denke.

Powertussi, also naja ok, den Eindruck kann man vielleicht schon gewinnen. Wobei sich mir die Bezeichnung Tussi noch nicht vollkommen erschließt.

Aber selbstverliebt?

Zunächst habe ich „Lektion 1" angewandt: Schau, von wem es kommt.

„Ach", dachte ich, „ein Unter-Tage-Arbeiter."

Mag sich selbst und sein Leben noch nicht sonderlich oder traut sich nicht, es laut zu sagen. Könnte einem ja als Selbstverliebtheit ausgelegt werden.

Selbst auferlegte Bescheidenheit ist ja in manchen Regionen dieser Welt, eine hochgelobte Tugend. Zugegeben, es ist leider nicht meine Art, Unter-Tage zu

agieren und meine Erfolge, wie auch meine Misserfolge (was ich ausdrücklich betonen möchte), hinter falscher und zudem sinnloser Bescheidenheit zu verstecken.

Da ich altersbedingt immer authentischer werde, muss ich mir solche Sätze wohl anhören.

Ich mag mich und auch die Dinge, die in meinem Leben sind. Ich stehe zu mir und meinen Fehlern aber auch zu den guten und schönen Dingen in meinem Leben.

Wenn ich jemanden wirklich verletze und es mir wirklich leidtut, dann bin ich in der Lage, mich zu entschuldigen, aus meinem Inneren heraus.

Das ist, finde ich, eine großartige Entwicklung.

Das alles führt vielleicht dazu, dass meine Wunderlampe anfängt zu funktionieren.

Einen weiteren Gedankengang zum Thema Sonne aus dem A … erspare ich euch jetzt aber.

Ja, ich muss zugeben: Authentizität fängt an, mir Spaß zu machen.

Warum auch nicht.

Ich freue mich, meinen eigenen Weg gefunden zu haben und wer mich kennt, der weiß, dieser Weg ist nicht immer mit Seligkeit beschienen und auch nicht ohne Fehltritte gegangen.

Ja, ich verletze auch manchmal Menschen und tue dumme Dinge. So ist es, ich bin ein Mensch und komme erst in die 40er.

Wäre ich weise und erleuchtet, dann würde ich auf einer Wolke sitzen und mit den anderen Erleuchteten über die selbstverliebten Erfolgreichen lästern und immer wieder betonen, wie bescheiden wir doch sind und was wir alles nicht nötig haben.

In den 40ern, da erkennt man endlich den Unterschied zwischen erleuchtet und leuchten.

Zwischen Selbstliebe und Selbstverliebtheit.

Zwischen: innerem, aus sich selbst heraus leuchten oder mit einer selbst gebastelten Taschenlampe Licht erzeugen.

In den 40ern weiß man, dass jeder Mensch etwas ganz Besonderes ist und jeder dieses Leuchten in sich trägt.

Man muss nur an der Wunderlampe reiben, seinen ureigensten Lebensweg gehen und zu sich stehen.

Irgendwie ist 40 werden toll.

Eure

Michaela Röder

(39, Buchautorin, Coach, leuchtend aber unerleuchtet, mit nachlassendem Bindegewebe)

„Mit 40 weißt Du, wo deine Grenzen liegen – hinter Dir!"

Die 7 Zeichen der Alterung ... oder: Kack die Wand an!

In einer Woche in meinem 39er Jahr ging es ans Eingemachte.

Durch novemberliche Einflüsse begünstigt, beschäftigte ich mich mit dem Thema, des Älterwerdens.

Ja ich weiß, 40 ist kein Alter. Sagt ihr.

Dann lest mal, was die Kosmetikindustrie dazu sagt.

Mir ist nämlich dummerweise auch noch ein Artikel dazu in die Hände gefallen.

Die 7 Zeichen der Hautalterung (ab 25) sind:

Trockene Hautstellen

(Habe ich eigentlich nur an den Lippen, nach einer durchknutschten Nacht.)

Falten (Das sind keine Falten, das sind Lachlinien.)

Erschlaffung und Ermüdung der Haut (Nur an den Lidern, nach durchtanzten Nächten.)

Große Poren (Was? Meine Haut hat Poren?)

Pigmentstörungen (Die meinen jetzt aber nicht die Sommersprossen die ich im Sommer bekomme?)

Raue Haut (Nein! Der Wollpulli lässt sich drüber ziehen, ohne Fäden zu ziehen!)

Altersflecken (Die Abdrücke am Hintern nach einer Fahrt im Taxi mit Sitzheizung?)

Gleich, nachdem ich diesen Artikel (im Wartezimmer des Arztes der auch schon das mit der Erleuchtung sagte) gelesen hatte, wurde ich hereingerufen.

„Frau Röder, sie sehen etwas blass aus.“

Ich sage nichts, ich denke nur: „Kein Wunder, nach DEN Neuigkeiten.“

Ich erkläre ihm die Zeichen der Hautalterung.

Er lacht und sagt: „Sie haben keine Falten. Das sind Lachlinien. Habe ich in einem Buch gelesen. Wie hieß es noch? Ach ja: „Das Pink-Thinker Buch.“

Nun muss ich auch Lachen.

Wie einem doch die eigenen Schriften zum Verhängnis werden können.

Er sagt: "Immer wenn ich mich älter fühle, fange ich an Sachen zu machen, die ich mit 40 gemacht habe. Da fühlte ich mich jung. Und wenn es mal ganz schlimm wird, dann mache ich Sachen, die ich mit 14-16 gemacht habe. Dann wird es auf jeden Fall besser."

Da ich mich eigentlich ja gar nicht alt fühle, mich aber für diesen Blog mit dem Thema befassen möchte, überlege ich:

Was genau sind denn meine Zeichen der Alterung?

Was habe ich mit 14 bis 16 gemacht, was ich heute nicht mehr mache?

Das mit den Jungs lassen wir weg!!!

Das Rauchen auch.

Bauchfrei auf Spielplätzen herum gammeln, auch.

Haare grün färben? NÖ! Ich habe keine passende Garderobe mehr.

Zwar sind das alles Dinge, die ich früher gemacht habe aber zum Glück, heute nicht mehr machen muss.

Puhhh. Aber dann fällt mir doch noch was ein.

Bus fahren!!!

Früher bin ich immer mit dem Bus gefahren. Heute fahre ich mit dem Auto oder lasse mich fahren. Also auch konsequent mit dem Taxi.

Ich wage es, mit dem Bus zu fahren.

Auch, weil wir überlegt hatten, unser zweites Auto abzuschaffen. Aus ökologischen Gründen. Da kann es bei Überschneidungen schon mal vorkommen, dass einer von beiden sich alternativ fortbewegen muss.

Schon der erste Unterschied:

Ich muss mich beeilen, zur Haltestelle zu kommen. Klar, der Bus wird nicht auf mich warten.

Ich stehe da so rum und werde von kauenden Bauarbeitern taxiert, die grad ihr Pausenbrot vertilgen.

Das kann einem im Taxi nicht passieren.

Da hat man höchstens das Problem, das der indische Taxifahrer die Sitzheizung auf Bollywood-Klima raufjagt, man sich fast den Hintern anbrennt, während er einem erzählt wie schlecht die Geschäfte laufen. Klar, er will mehr Trinkgeld rausholen.

Er weiß ja nicht, dass meine Bundfaltenhose, die grade mit meinem Hintern verschmilzt, aus 80 Prozent Polyester ist und ich alles zahlen würde,

um von dem juckenden Sitz
runterzukommen.

Als der Bus endlich kommt, steige ich
vorne ein. Ich muss ja bezahlen. Der
Busfahrer schaut mich fragend an. Ich
sage: „Oh, Erwachsen … bis … eh keine
Ahnung …, fast Ende."

Er lacht. Ich weiß nicht warum. Frage
auch nicht nach und bilde mir ein, er
kann gar nicht glauben, dass ich für
Erwachsene zahlen muss.

Ich allerdings glaube, dass man
heimlich gewogen wird und pro Kilo
bezahlen muss oder warum zahle ich
2,50 Euro für eine Strecke von 5
Kilometern?

Das war früher anders. Da hatte ich ein
Schokoticket und das haben
netterweise meine Eltern bezahlt.

Heute frage ich meine Eltern nicht mehr nach Busgeld. Auch so eine Nebenwirkung des Älterwerdens.

Naja, ich sitze recht gemütlich.

Die Sitze sind nicht mehr aus grünem Kunstleder, das immer zerrissen war. Die Fenster sind nicht bespuckt und der Bus hat auch nicht mehr so lustige Falten in der Mitte, gleich da bei der Drehscheibe, auf die man sich stellte, wenn man mal wieder einen guten Tag hatte und Bock, sich den Fuß zu verstauchen.

Nein, heute sitzt man kommod und vor allem warm.

„Mein Gott war das früher auch schon so warm in den Bussen oder habe ich grade meine erste Hitzewallung?"

Ich streife grade meine Handschuhe ab, da erreicht meine Fahrt in die Vergangenheit ihren Höhepunkt.

Jugendliche zwischen 14 und 16 steigen ein.

Mit lautem Getöse. Ist ein Zeichen der Alterung auch das Leiser werden? Also eigentlich nur im Bus, gilt das auch für mich.

Die Jugendlichen schmeißen ihre Taschen in die freien Sitze und unterhalten sich oder als was man dieses Getöse bezeichnen soll.

„Ey Alter, kack die Wand an. Was war denn heute mit der alten Schmitz los? Macht die mich voll von der Seite an, ey. „

Verstehe: Der Jugendliche fühlte sich von der Lehrerin ungerecht behandelt.

„Ja Alter, echt ey. Geh mal kacken. Die ist immer so kacke."

Verstehe: Die Lehrerin ist offensichtlich einem anderen Schüler auch schon negativ aufgefallen.

Ich stelle fest, ein Zeichen der Alterung ist:

Wie mit meinem Italienisch. Ich verstehe gut was sie sagen, ich kann es nur nicht mehr sprechen.

Gegenüber sagt eine ältere Dame: „Die Jugend von heute."

Ich will schon gedanklich einstimmen, da fällt mir ein:

„Ne, so waren wir alle."So alt bin ich wohl dann doch noch nicht.

Ich steige grinsend aus und finde:Das hat Spaß gemacht.

Das zweite Auto kann weg.

Das mache ich mal wieder.

Doch zuerst kaufe ich das Internet leer: Snakeserum vom Herrn Glööckler,Serum Lift 7 (die liften die 7 Zeichen der Hautalterung),The hottie totty is never spotty, für die Porenverkleinerung, Optiva für die Feuchtigkeit.

Man muss ja nicht gleich sehen, was ich heute alles schon weiß.

Michaela Röder

(Buchautorin, Beziehungscoach, 39, gut erhalten, mit einem Überschuss an Cremedosen und einer so was von nicht mehr trockenen Haut, die das Wort "Kacke" nur dann anwendet, wenn sie mit neuen Schuhen mitten reingelatscht ist.)

„Mit 40 feierst Du die Männer, wie sie fallen."

Mit 40 hat man gelernt, seinen Körper zu lieben

Ich liebe das 40werden.

Es ist großartig.

Noch großartiger wird es, wenn ich länger darüber nachdenke, was sich in mir so alles verändert hat.

Ja, es gibt auch ein paar äußere Veränderungen aber nichts, was man nicht mit Kosmetik und ein paar speziellen Posen auf Fotos behandeln könnte.

Wie ich schon schrieb, kennt man nun endlich den Unterschied zwischen Realität und Theorie (weiter hinten im Buch).

Eine Diät zu machen ist eine theoretische Sache und genau so sinnvoll und wirksam, wie einem Mann erklären zu wollen, wie sich Geburtswehen anfühlen.

Das ist mir nun endlich klar geworden, und zwar, als ich meinen Kleiderschrank ausmistete. Die Sachen aus den 80ern, den 90er und der frühen Neuzeit.

Ja, ich bin eine Sammlerin und Aufbewahrerin. Ich liebe es. Manches werde ich ganz sicher nie wieder anziehen.

Das weiß ich, aber ich hänge dran, wie andere an ihrem Brautkleid. Das habe ich übrigens nicht aufbewahrt. Weder das von der Ersten noch das von der Zweiten. Komisch nicht?

Es ist nur die Erinnerung an einen Tag.
Meine übrige Garderobe erzählt
Geschichten von vielen Tagen.

Von Beerdigungen. Geburtstagen.
Schiefgelaufenen Dates.
Buchvorstellungen,
Promibegegnungen.

Ich habe trotzdem mal ausgemistet. Ich
brauchte Platz für neue Geschichten.
Bei manchen mag das so klingen:

„Da passe ich heutzutage gar nicht
mehr rein."

Das kann ich nicht sagen. Bei mir war es
im Grunde immer gleich.

Ich trug die meiste Zeit meines Lebens,
eine 42. Verrückt oder???

Klar ist auch mal ein Kleidchen in einer
36 dabei. Das hatte ich an, nachdem ich
mich drei Monate wie eine Irre

runtergehungert hatte. Für ein spezielles Event und nun kann man sich die Fotos von mir in dem schlanken Kleid nicht mal ansehen oder herumzeigen. Und warum?

Weil ich Augenringe und stumpfes Haar hatte und fürchterlich krank aussah.

Nachdem der vierte Betrachter dieser Fotos meinte:

„Oh da hast du dich aber schwer krank zum Event geschleppt. Respekt!", habe ich sie aus meiner Fotokiste entfernt.

Ich habe also mit fast 40 endlich festgestellt:

Ich trug immer eine 42 – bis auf wenige Ausnahmen.

Die Praxis scheint dann ja wohl wohl folgende zu sein:

Ihr könnt machen, was ihr wollt. Wenn die Genetik eine 42 für Euch vorgesehen hat, dann bleibt es dabei.

Es sei denn, ihr habt Zeit und liebt es, euch selbst zu quälen. Dann könnt ihr nämlich jeden Tag ins Fitnessstudio rennen und euch bei 800 Kalorien täglich ernähren und so eine 36 halten.

Dazu habe ich weder die Zeit noch die Lust. Offenbar seit Jahren. Denn selbst mein Kleid, welches ich zum 30. trug, ist eine 42.

(Foto im Blog: www.liebe-sex-gemeinheiten.de)

Neu in der 40er-Version daran ist: Ich habe es akzeptiert und ich mag meinen Körper jetzt.

Ich kneife ihn jetzt nicht mehr und ziehe ihm das Fell lang, um dem Spiegel zu beweisen, dass ich nicht vollkommen bin.

Ich disse mich jetzt auch nicht mehr vor dem Spiegel und mache abfällige Bemerkungen. Ich bin mir selbst mehr eine Freundin geworden.

Einer Freundin würde man solch verletzende Dinge, wie:

„Du schlaffe, fette Molle." niemals sagen.

Ich habe mich nicht nur damit abgefunden, auf kein Titelbild eines Hochglanzmagazins zu passen. Nein, ich finde es sogar gut.

Ich habe ja eh die Theorie, dass die Models nur deshalb alle so dürr sind, damit sie vorne auf den Titel passen und nebendran noch genug Platz ist für die Themen und damit die Designer für ihre Ausstellungsstücke weniger Stoff brauchen.

Wenn einer mich nicht gut findet, dann ist es sein Problem und was das Hochglanzmagazin angeht: Nehme ich halt die zwei Seiten im Mittelteil. Da ist Platz für mich in voller Größe und eine kleine Kolumne.

Kann mir aber jetzt bitte mal jemand erklären, warum ich mich in all den Jahren so blöde angestellt habe? Wertvolle Lebenszeit damit vergeudete, mich mit Nahrungsentzug zu bestrafen?

Mir tatsächlich irgendwelche widerlichen Pülverchen anmixte und diese auch noch konsumierte?

Bestialische Kapseln schluckte, die Schwämme beinhalten, die sich im Magen aufspannen, damit man keinen Hunger mehr hat.

Oder 10 Liter Kohlsuppe in einer Woche vertilgte und weitere zwei Wochen nicht vor die Türe konnte, weil ich neben den Heißhungerattacken, die sich automatisch anschlossen, auch noch unter grausamer Flatulenz litt?

Wofür der ganze Mist? Wenn ich offensichtlich immer eine 42 trug?

Aber jetzt mit 40 wird das alles anders.

Ich habe den Diäten „Ade" gesagt.

So etwas tue ich mir nicht mehr an, solange nicht irgendein Arzt der Meinung ist, mein Körper leidet unter mir.

Ich genieße mein Dasein, und zwar in vollen Zügen. Mit allen Kurven und bin mir selbst mehr als genug.

Klar gehe ich zum Sport aber nur, damit ich fit genug bin, alle denen in den Hintern zu treten, die glauben, mich in eine Schublade oder in eine Kleidergröße 36 drängen zu können.

Wenn ich etwas jetzt, kurz vor der 40 bereue, dann die Kleider, die ich nicht gekauft habe, weil ich erst abnehmen wollte und die schönsten Büfetts, die ich nicht angerührt habe, weil ich mal wieder nur 1200 Kalorien am Tag oder wahlweise 20 Punkte zur Verfügung hatte.

Wie dusselig, sich wegen einer Theorie, die Praxis zu versauen.

Egal was ihr in eurem Leben macht oder wie alt ihr seid– macht auf keinen Fall das Gleiche.

Lernt von einer weisen Frau mit fast 40.

Eure

Michaela Röder

(Buchautorin, Beziehungscoach, 39, verliebt ins Frausein und zum Glück senil genug, dass sie schon vergessen hat, was Kalorien noch mal waren … ach ja, die kleinen Biester, die nachts die Kleider enger nähen.)

Fakt ist: Wir werden aller Wahrscheinlichkeit nach auch noch 50

Hallo ihr Lieben

In dieser Woche habe ich mich mit Statistiken rund ums 40 werden beschäftigt. Ich finde, es ist immer gut, wenn man da mal eine Statistik gelesen hat.

Mir, als Pink-Thinkerin, gibt das immer so eine Art: Inspiration.

Frei nach dem Motto: „Traue keiner Statistik, die du nicht selbst gefälscht hast", interpretiere ich natürlich jede Statistik, frei von der Leber weg.

Nun denn, ich finde einiges trotzdem unterhaltsam.

Die allerbeste Statistik gleich zu Anfang:

Das Statistische Bundesamt fand heraus, dass die Wahrscheinlichkeit auch noch den 41. Geburtstag zu feiern, bei sagenhaften 99, 85% liegt.

Die Wahrscheinlichkeit sogar auch den 50. Geburtstag zu feiern liegt bei immer noch 98,5 %.

Wenn das keine guten Nachrichten sind.

Diese Statistik sagt weiterhin:

In Deutschland sind derzeit 1389707 Menschen über 40 (und es werden täglich mehr).

710935 Männer über 40 und 678772 Frauen.

Das wird sich bald ändern, wenn sich nämlich die Männer in der Überzahl an den wenigen Frauen verausgabt haben und somit früher sterben.

Eine sehr interessante Forsa Studie besagt: Das Lebensgefühl der über 40 Jährigen sieht so aus:

84 % wissen besser, was sie wollen. (Und vor allem: Was sie nicht mehr wollen. Anm. der Autorin).

83% sind mit dem Leben insgesamt zufrieden.

79 % möchten nicht noch mal 20 sein. (Wow. Ich gehöre tatsächlich mal zur Mehrheit. Siehe Beitrag: Oh Gott: 40?)

65 % verzeihen sich mehr Fehler als in jungen Jahren. (Ja, und die restlichen Fehler vergessen wir inzwischen).

Forsa hat darüber hinaus 1000 Frauen über 40 befragt. Das ist dabei herausgekommen:

50 % fühlen sich besser denn je und möchten nicht noch mal 20 sein (mit 40 wiederholt man sich gerne öfter).

59% halten sich für selbstbewusster als früher und wissen, was sie wollen (hatte ich schon erwähnt? Vor allem was sie nicht wollen?)

63% leben bewusster als in den jungen Jahren (Was mich nicht wundert, denn schließlich ist man in jungen Jahren entweder andauernd verliebt, hat keine Zeit zwischen Studium und Nebenjob oder man liegt betrunken irgendwo herum.)

27% ist der Beruf genauso wichtig wie ihre Familie.

Fast die Hälfte der 40 bis 49 jährigen glaubt, dass die besten Jahre noch kommen werden. (Ja was bleibt, ihnen denn auch anderes übrig? Wer will schon da sitzen und denken: Jetzt ist es um. Vorbei. Das Ende?)

Mein Gott, da hätte Forsa aber auch mal selbst drauf kommen können.

Dass die besten Jahre noch kommen werden, könnte auch diese Statistik untermalen denn:

Im Alter von 40 bis 49 leben ...

15% als Single

12% in einer Partnerschaft

Und 73% sind verheiratet (das könnte der Grund für die Annahme sein, dass es besser werden wird).

Eine Statistik, die auf jeden Fall verfälscht ist, ist die über den Sport.

Reiten: 2,2%.

Fußball spielen: 8,8%.

Jogging 25,7% (inbegriffen Hausfrauenjogging: Rauchend und lästernd spazieren gehen in Sportklamotten).

51,6% fahren Rad (DAS stimmt nicht, da haben auch Frauen angegeben, dass sie Radfahren, wenn sie am Tag 5 Minuten zum Einkaufen fahren und wieder zurück. Aber so was von sicher.)

18,8% treiben keinen Sport.

Aber jetzt kommt der Hammer!!!

Die Firma Pfizer (zufällig der Hersteller der little-blue-ones also Viagra, fand heraus:

Für 80% Prozent der Männer und 60% der Frauen ist Sex über 40 noch wichtig.

Also Leute ich bitte euch.

Frauen werden zu männerfressenden Vamps mit 40 und für sie ist Sex nicht noch wichtig, sondern lebensnotwendig!!!

Es ist, als wenn die Hormone einem eingeben: „Komm schon, die biologische Uhr tickt. Gib Gas, falls du noch Nachwuchs produzieren willst."

Tja, da wir das aber meistens gar nicht wollen, bleibt nur, so zu tun als ob.

Also ich bin nach meinen Recherchen noch nicht überzeugt, dass Statistiken auch nur 1% von dem preisgeben können, wie wunderbar man sich wirklich mit 40 fühlen kann.

„Mit 40 liebst Du Küchenarbeit. Besonders die, des Kochs, in Deinem Lieblingsrestaurant. "

Mit 40 ist Sex für Frauen überlebenswichtig

Ja, ihr Lieben es musste ja so kommen.

Wie ich schon im Kapitel: „Fakt ist, wir werden auch noch 50" schrieb, werden die meisten Frauen ab 40 zu Männerfressenden Vamps, für die Sex lebensnotwendig ist.

Sicher gibt es auch Ausnahmen. Wahrscheinlich verhält es sich bei Sex wie mit mit den Taschenlampen-Leuchtern. Immer schön die Flamme klein halten. Was sollen denn die Leute denken?

Hallo?

Mit 40 ist Sex einfach großartig.

Dabei ist es egal, ob ihr verheiratet seid oder nicht. So und nun kommt etwas, was der 40 jährigen Single Frau von heute, die nächsten zehn Jahre versüßen wird!

Single-Ladys hier seid ihr im Vorteil.

Ungeachtet dessen, dass man euch seit Jahren damit unter Druck setzt, dass ihr doch endlich (wieder) heiraten sollt und dass unverheiratete 40 Jährige immer noch etwas mitleidig betrachtet werden.

Eventuell hat eure beste Freundin auch schon ein Schild aufgestellt: Letzter Single über 40 vor der Autobahn.

Alles ganz egal.

Da dieses fest gebunden sein müssen eh ein Mythos ist, ihr euch aber trotzdem immer irgendwie in der Bringschuld fühlt, möchte ich euch

sagen: Ihr habt den großartigen Vorteil vom Büfett zu naschen, wonach immer euch der Sinn steht.

Ihr habt die freie Auswahl: junge, alte, schöne, starke. Egal wer oder was euch auf eine besondere Weise erregt. Ihr könnt ungehemmt zugreifen.

Und glaubt mir: Selbst 25 jährige Männer stehen auf 40 Jährige. Zumindest die Schlauen. Ich habe nicht wenige Kundinnen jenseits der 40, die sich regelmäßig am Frischfleisch-Büfett bedienen. Frei nach dem Motto: "Wozu einen Alten nehmen, wenn es ein Junger sein kann?"

Junge Männer wissen, dass Frauen ab 40 eine wirklich gute Wahl sind.

Und warum?

Weil sie meistens wirklich fantastisch aussehen aber der viel größere Vorteil ist, sie haben sich selbst, ihren Körper und ihre Sexualität akzeptiert und ja, auch gelernt zu lieben.

Baucheinziehen und darüber nachdenken, wie wir aussehen, wenn, wir in der oder der Stellung Sex haben?

Das ist lange vorbei.

Ich möchte nicht behaupten, das alle 40 jährigen Egoistinnen im Bett sind aber sie wissen, worauf es ankommt, sie kennen ihr Ziel und sie arbeiten mit über Jahren ausgefeilten Methoden, hungrig, wild und unersättlich darauf hin.

Vorbei die Zeit in denen eine Frau beim Sex darüber nachdachte, ob sein Nachname ein Guter wäre, für möglichen Nachwuchs oder ob er sie jemals so lieben wird, wie seine Ex.

Überhaupt ist das Thema Nachwuchs beim Sex kaum noch Thema. Die meisten Frauen sind dahin gehend bereits überversorgt. Ihnen geht es um den reinen Spaß an der Sache.

Es scheint, als wenn dieses 40er-Gefühl sich auf alle Bereiche des Lebens ausdehnt und besonders als neue Offenheit beim Liebespiel offenbart.

Aufreizende Dessous sind bei uns nicht mehr nur Feiertagszubehör, sondern gehören zur täglichen Standardausstattung.

Jenseits aller Verklemmtheiten kann frau nun zur Sache kommen und alle körperlichen, seelischen und mentalen Vorteile von Sex-Deluxe genießen.

Ihre Hormone laufen auf Hochtouren, das hat die Genetik so eingerichtet. Dies soll dem Fortbestand der Menschheit dienen. Warum nicht? Sex ist gut für alles.

Es durchblutet die Haut, sorgt für einen Schub von Collageneinlagrungen (wisst ihr, was so was bei der Kosmetikerin kostet?) Sex schüttet einen Hormoncocktail aus, der eure Haare glänzen lässt. Eure Haut straft und geschmeidig macht und euch so eine gewisse zufriedene Aura verschafft.

Mit 40 hat man zudem schon gelernt, die Spreu vom Weizen zu trennen.

Nun kann ich nur noch wünschen: Ran ans Büfett und schlemmen, was das Zeug hält.

Zu Recht vermisst ihr jetzt die Ausführungen zu den gebundenen und verheirateten Frauen über 40. Haben die keinen Sex mehr?

Oh doch natürlich gilt für diese Gruppe das Geschriebene ebenso. Sie essen eben nur Ala Carte und müssen für die Abwechslung halt ein bisschen mit der Tischdeko, dem Besteck und dem Lokal variieren.

„Mit 40 weißt Du, dass Du jedem Mann die Telefonnummer geben kannst. Nur nicht jedem Mann, die Richtige."

Mit 40 kennt man den Unterschied zwischen Vorstellung und Realität

Die Wochen vergehen und mein Geburtstag rückt immer näher und näher.

Ich weiß immer noch nicht recht, wie und wo ich feiern soll aber das kommt sicher bald, ganz plötzlich.

Pling: und dann ist sie da, die wundervolle Partyidee.

In dieser Woche habe ich erst einmal ein Buch fertigzustellen.(Die Neuauflage vom Pink-Thinker Buch.)

Die Endphase ist fies am Bücherschreiben. Es ist Qual und nein, das hat mit Kreativität nur noch bedingt, etwas zu tun.

Es ist immer so ein bisschen wie mit dem Kinderkriegen.

In der Theorie war es so wundervoll und niedlich.

Dieses Bild, von einem kleinen süßen, schlummernden Wesen in den Armen einer umwerfend frisierten und selig lächelnden Mutter. Die drei Wochen nach der Geburt eine bessere Figur hat als jemals zuvor. Wie wundervoll.

Dann kam die Realität. Vollgemachte Windeln, durchschriene Nächte und eine heulende Mutti ohne Frisur, und zwar etwa drei Jahre lang, bis das Kind in den Kindergarten kam. Ich hasse übrigens Heidi Klum oder wer auch immer zuerst mit diesem sechs Wochen nach der Geburt wieder topmodelmäßig-aussehen-Mist angefangen hat.

Bei den Büchern ist das ähnlich. Großartig, die Vorstellung wie man lächelnd und platzend voller Stolz ins Blitzlichtgewitter, der sich auf einen stürzenden Presse, winkt.

Die Realität ist eher so: Monatelange Knechterei im dunklen Kämmerlein, wochenlange Auseinandersetzungen mit Grafikern und nach Erscheinen des ersten Buches glauben alle man ist jetzt Millionär, außer man selbst natürlich.

Denn man hat ja sein Konto als Realitätsbeweis. Und zum krönenden Abschluss erhält man massig Reaktionen und Rezensionen von irgendwelchen Menschen, die weder verstanden haben, was man eigentlich mit dem Buch sagen oder erreichen wollte, noch irgendeine Qualifikation besitzen, außer dass sie lesen können.

Diese Rezensenten kloppen dann drauf und zerreißen den Autor in der Luft. Besonders dann, wenn sie merken er verkauft sich gut. Also das Buch.

Doch ob man nun ein Kind bekommt oder ein Buch schreibt, bei beiden ist eins gleich:

Ein einziges Lächeln, ein einziges Briefchen ein einziges liebes Wort des Kindes macht all die Mühen vergessen. Und bei einem Buch?

Wisst ihr ... da gab es eine Frau bei einem Vortrag, die mich umarmte und ganz leise "Danke" sagte oder die Leser, die meine Bücher unter dem Kopfkissen haben.

Das sind die Momente, für die ein Schreiber schreibt.

Was hat das nun wieder mit dem 40 werden zu tun?

Ganz einfach man hat gelernt, zwischen Vorstellung und Realität zu unterscheiden.

Das gilt auch für die Liebe. Es passiert einer Frau bis zum 35 Lebensjahr viel öfter, sich zum Beispiel in einen Mauermann zu vergucken.

Wir erinnern uns: Ein Mauermann hat eine Mauer um sich gezogen und ist deshalb nicht fähig die Vorstellungen die er teilweise selbst erweckt, später auch zu erfüllen. (Frauenwaffenbuch).

Man ist als Frau dann in das verliebt, was mit ihm sein könnte, als in das was tatsächlich mit ihm erlebt wird.

Das ändert sich irgendwie um die 40 herum.

Man gibt ihm ein bisschen Zeit, und wenn er mauert, dann schwirrt frau, wunderbar, wie sie nun einmal ist in diesem Alter, weiter durch die Gegend. Sie schaut, ob es da nicht noch jemanden gibt, der nur eine Rosenhecke anstatt einer Mauer um sich gezogen hat.

Und noch etwas erledigt sich so um das 40ste Lebensjahr herum, die Wahnvorstellung einer Frau, dass sie gertenschlank, ja fast verhungert sein muss, um eine tolle Ausstrahlung zu haben.

Und: dass sie nur vom anderen Geschlecht bemerkt wird, wenn sie Kleidergröße 36 trägt.

Ich bitte euch Mädels.

Das widerspricht sich doch von selbst. In Nummern gesprochen ist eine 44 einfach zu großartig, um sie zu übersehen. Nicht wahr?

Bis zur nächsten Woche

Eure

Michaela Röder

(Buchautorin, Bloggerin, Beziehungscoach, 39, gut erhalten, Kleidergröße 42, Pink-Thinkerin, wird mit jedem Tag irgendwie mehr eine von den 40ern und freut sich drauf).

Nachtrag: Resümierend habe ich für dieses Buch überlegt einen Nachtrag zu schreiben. Tatsächlich gib es einen Unterschied zwischen der Vorstellung, wie mein Leben sein würde, wenn ich 40 werde und wie es nun ist.

Ich dachte immer, wenn ich irgendwann, ganz weit weg, mal 40 werde, dann bin ich renommiert, etabliert, sitze hier und schreibe auf teurem Papier. Die Zeiten von Neon, pinken Fingernägeln, Chucks, den toten Hosen und den Ärzten sind endgültig vorbei.

Von den ersten Falten lenkt ein knallroter Lippenstift ab und meine Garderobe bewegt sich zwischen Beige und Grau.

Bis auf die üblichen Ärgernisse mit Kindern und Männern hat sich alles im Rahmen gehalten und ich kann von meinem Job den Lebensberatungen leben und schreibe irgendwann ein Buch.

Die Realität ist eine Andere.

Nun wo die 40 ganz nah vor der Türe steht, bin ich renommiert, allerdings anders, als ich annahm. Was nahm ich überhaupt zu diesem Thema an? Wahrscheinlich dachte ich, dass ich endlich nicht mehr auffallen würde zwischen den ganzen Robotern im Hamsterrad oder so. Tatsächlich habe ich herausgefunden: Renommiert bedeutet laut Duden: angesehen, namenhaft oder berühmt.

Ja so ein bisschen bin ich ein Renommee in meinem Bereich. Viele vertrauen auf meine Worte. Das freut mich unglaublich. Ja, ich bin renommiert als Liebeskummertante und Lebensretterin für den Moment. Das ist gut. Mit den Robotern im Hamsterrad hat das wenig zu tun.

Von den pinken Fingernägeln bin ich immer noch nicht ganz ab und die

Zeiten von Neon waren erst letztes Jahr wieder da. Ich rocke immer noch zu den Toten Hosen und den Ärzten, und zwar auf Festivals, wo ich mich früher ja nie hingetraut hätte.

Auf dem letzten Festival hat mein Mann mich drei Stunden gesucht. Ich wollte nur mal kurz aufs Dixieklo. Dann kam ich an einem Zelt vorbei, mit einer Gruppe Rockern und einem Generator. Jeder, der bereits auf einem Festival war, weiß, da wo die Generatoren sind, gibt es Musik auch auf dem Zeltplatz.

Also blieb ich ein Weilchen. So etwa 3 Stunden. Mein Mann kam halb um vor Sorge, aber ich hatte den Spaß meins Lebens.

Es hört glaube ich nie auf, dieses Lebensgefühl und dieser Spaß.

Es hat nichts mit dem Alter zu tun. Immer, wenn mich eine Klientin anruft, die weit über 70 ist und dieselben Probleme mit ihrem neuen Freund hat, wie die 25 Jährige vor ihr, dann weiß ich: Das Leben ist und bleibt schön.

Bis auf die kleinen Ausnahmen.

Ich hätte zum Beispiel auch nicht gedacht, dass das Leben mir mal so tierisch einen verpassen würde. Ich war mit dem Schicksal eigentlich relativ gut befreundet, bis es mir meinem Bruder ziemlich ruckartig und brutal, viel zu früh wegnahm.

Es hat eine Weile gedauert, bis ich begriff, dass das Leben einfach so ist. Dass wir alle nur zu Gast sind auf dieser Welt, solange, bis wir manchmal ein wenig zu früh die Party verlassen und andere uns vermissen müssen.

Bis dahin sollten wir feiern oder was denkt ihr?

Deshalb habe ich mich ganz am Ende des Kapitels gefragt: Wie wird mein Leben wohl sein, wenn ich irgendwann, ganz weit weg, mal 60 bin?

Ein bisschen reicher durch die Erfahrungen bis hierhin gehe ich davon aus, das pinke Nägel immer noch hervorragend zu mir passen und ich keinen Bezug mehr zu Neon habe.

Wir werden auf unseren Partys immer noch die Songs von den Ärzten spielen, während unsere Männer, dank little-blue-ones keine Lieder von toten Hosen singen müssen.

Meine Kinder und Enkel kommen oft und gerne vorbei und ich werde mir die Rosinen rauspicken. Plätzchenbacken, Freizeitpark und Kürbisschnitzen:

unbedingt! Motzen und kotzen: nein, danke!

Ich hoffe, dass das Schicksal mich von weiteren Tiefschlägen verschont hat und verschonen wird. Finde mich aber damit ab, dass Beerdigungen dann zu meinen Events gehören wie heute 60ste und 70ste Geburtstage.

Wenn ich nicht durch die Welt bummele, sitze ich in einer Stadtwohnung, schaue aus dem Fenster und schreibe immer noch ein Buch. Eins pro Quartal.

Resümierend muss ich sagen: **Das Leben ist für mich ein wunderbares Renommee geworden. So farbig und bunt, wie ein Fruchtbüfett. Man muss nur zugreifen und es sich schmecken lassen.**

Guten Appetit.

„Mit 40 weißt Du, dass Du nichts bereuen musst. Zumindest nicht offiziell."

Jugendlicher Leichtsinn vs. Mut

Mut, das war früher etwas, das man sammeln musste. Was man aus allen Ecken seines Seins zusammennehmen musste. Um die 40 wird das irgendwie anders, finde ich.

Bis man etwa 25 ist, heißt der Mut noch jugendlicher Leichtsinn. Da hat man keinen Mut. Da ist man irre genug die Dinge undurchdacht anzugehen oder sagen wir lieber: anzuspringen? Sich einfach reinzustürzen.

Die schlimmste Zeit ist die zwischen 25 und 40.

Der jugendliche Leichtsinn hat sich verflüchtigt.

Man folgt nun lieber den ausgetretenen Pfaden, der Menschen, die den Mist schon hinter sich gebracht haben. Der Mut ist leider die meiste Zeit nicht auffindbar, und wenn man sich dann in einer Mischung aus jugendlichem Leichtsinn, erwachendem Mut und Wahnsinn doch was traut, dann verlassen einen beide irgendwo auf halber Strecke, was meistens zum Scheitern führt.

Ich weiß ja, dass es wichtig ist, um innerlich zu wachsen aber trotzdem:

Ein Glück, das ich das hinter mir habe.

Gott sei Dank gibt es natürlich weiterhin Situationen, da wird mir heiß und kalt zugleich und mein Herr Grießgram (Das neue Pink-Thinker Buch) schreit mich laut an:

„DAS KANNST DU DOCH NICHT MACHEN!"

Adrenalin schießt durch meine Venen, in meinen Augen blitzt es und ich denke: „Nein, das kannst du doch nicht machen. Sei gesittet, bescheiden und vorsichtig."

Ehe ich meinen Mut gefunden habe, habe ich das, was mein Adrenalin hochgejagt hat, schon abgehakt unter: besser nicht.

Huch sorry. Das war noch die Version für 30 bis 39 Jährigen aber jetzt, wo ich fast eine Alterssparte weiter bin, liest es sich selbstverständlich so:

Herr Grießgram schreit mich an: „DAS KANNST DU DOCH NICHT MACHEN!"

Adrenalin schießt durch meine Venen, in meinen Augen blitzt es und ich denke:

„Wieso eigentlich nicht? Ich will es - also nehme ich es mir."

Es ist, als ist der Mut nun einfach so da. Abholbereit oder zumindest mit wenig Aufwand greifbar. Ich habe das Gefühl, je länger ich durch dieses Leben tanze, desto fester steht mein Mut neben mir. Ich muss ihn nicht mehr finden.

Er ist da wie ein stiller Begleiter, der nur auf eine Gelegenheit wartet, mit mir Herausforderungen und Abenteuer zu meistern.

Sozusagen jugendlicher Leichtsinn aber MIT Denken.

Es fällt mir leichter, den zu einer Idee ersten, notwendigen Schritt zu wagen.

Auch auf unbekannten, neuen Wegen. Was macht es schon, wenn ich merke, dass mich dieser Weg nirgendwo hinführt?

Dann drehe ich einfach um. Und hatte meinen Spaß. Um genau zu sein, sind unbekannte, neue Wege so ziemlich die Besten.

Ich vergleiche es immer mit einer Autobahn oder einem schönen Spazierweg durch grüne Landschaften. Der Weg einer Autobahn ist bekannt. Selbst wenn man diesen Weg nie gefahren ist, weiß man vorher, wo er hinführt.

Man fährt auf asphaltierten, grauen Straßen mit allen anderen in dieselbe Richtung. Umkehr oder verirren kaum möglich.

Blumen am Wegesrand? Leider nein.

Abenteuer? Höchstens wenn man kurz abfährt, aufs Autobahnklöchen.

Um den Spazierweg zu betreten, braucht man schon ein bisschen seinen Mut. Man weiß nicht, wo der Weg hinführen wird. Ob nach der Kuppel ein Abgrund ist oder eine wunderschöne Blumenwiese.

Verlaufen ist sehr wahrscheinlich.

Es geht kreuz und quer und es wird viele Möglichkeiten geben abzubiegen, umzukehren, sich ablenken zu lassen.

Diesen Weg könnt ihr nicht mit dem Sportwagen befahren.

Ihr könnt ihn nur gehen und beim Gehen kann man Stolpern, aber trotzdem seid ihr langsam genug, um all das Schöne zu sehen, was neben eurem Weg passiert und ihr könnt Bremsen, wenn sich euch Steine in den Weg legen. (Das mit dem Bremsen hatte der jugendliche Leichtsinn auch nicht so gut drauf.)

Ich bevorzuge seit vielen Jahren diesen Weg, wenn ich eine Wahl habe und die habe ich meistens.

Natürlich wäre es für mich heute nicht mehr so einfach in meiner Firma zu sagen:

„So Leute ab morgen werde ich Buchautorin und berate Menschen in Sachen Liebe. Ob es jemand liest? Ob jemand kommt? Ich weiß es nicht, aber zum Glück ist mein Mut bis heute dem Leichtsinn sehr ähnlich. "

Natürlich war es nicht einfach VOX die Zusage zu geben für „Shopping Queen".

Ich möchte diese Erfahrung auf keinen Fall missen.

Da fällt mir ein, ich würde es wahrscheinlich sogar wieder machen. Wenn der Mut erst einmal da ist, dann ist man bereit, sogar Fehler zweimal zu machen. Kann ja sein, dass es sich diesmal als wundervolles Geschenk entpuppt.

Schließlich ist man mit 40 auch stark genug seine Niederlagen wegzustecken. Gleich neben dem Mut, liegt nun mal die Resilienz.

Zusammen mit dem Wissen. Das wiederum weiß, wann es Zeit ist, NEIN zu sagen und zum Glück hat man zum Nein sagen, endlich auch den Mut.

40 werden ist in der Tat wunderbar. Man hat erkannt: Mut ist Leichtsinn MIT Denken.

Hallo liebe Gärtnerinnen und Dachterrassenbesitzerinnen

In der letzen Woche habe ich bestimmt fünf Frauen getroffen, die ein ähnliches Schicksal teilen.

Sie werden in diesem Jahr 40 oder sind es grade geworden.

Die gute Nachricht: Sie leben noch, und zwar gut, und zwar glücklich.

Die Schlechte: Keine von ihnen war bisher fest gebunden, hatte Kinder, geschweige denn einen eigenen Garten.

Sie erzählten mir, dass jetzt, wo sie 40 werden, in ihnen der Wunsch nach Stabilität und Ruhe entstünde. Familie, Kinder, Kamin und Garten.

Ich kam mir mal wieder vor wie ein Alien auf der Erde.

Wie der einzige Alien auf dieser Erde, um genau zu sein.

Dummerweise habe ich mich so aber schon öfter gefühlt, denn irgendwie habe ich mein Leben andersherum gelebt. Scheint mir.

Mit 20 war ich bereits Mutter, demzufolge hatte ich irgendwann Familie und einen eigenen Garten. Immer wenn ich zu Spielplatz, Kindergarten oder Schule kam, war ich scheinbar die Einzige, die sich nicht hauptberuflich, mit wachsender Begeisterung über Kuchenrezepte und Stuhlgänge der Kinder ereifern konnte.

Es war mir auch nicht so wichtig, ob mein Sohn im Alter von zwei Jahren, alle meine Entchen auf dem Klimper

Keyboard von Fisherprice nachklimpern konnte. Er war gut so, wie er war und ich versuchte neben Kind und Job, noch ein Studium hinzubekommen.

Ich saß in meinem Garten und wälzte Ordner mit Kind auf dem Schoß. Während Menschen in meiner Altersklasse, coole Partys auf ihrer Dachterrasse in der City feierten.

Nun, wo ich endlich glaubte, dazuzugehören, mich gedanklich und real der Dachterrasse nähere ... da wollen meine Altersgenossen auf einmal einen Garten?

Sie sehnen sich nach Blumenerde unter den Nägeln?

Solche Sätze mag ich seit Neustem nicht mehr.

Ich höre immer nur: Unter-Erde-Blumen.

Nein danke!!!

Ich sehne mich auf jeden Fall nicht nach Blumenerde oder Kinderfüßen im Matsch.

Ich sehne mich nach sauberen, frisch manikürten Nägeln und einer gemütlichen Dachterrasse über den Dächern der Stadt und einem gemütlichen Telefonat mit meinem großen Kind, kurz, bevor ich aufbreche, um die Stadt unsicher zu machen.

Was aber ist bei mir eigentlich schief gelaufen?

Habe ich mein Leben verkehrt herum gelebt? Warum fühlt es sich aus meiner Sicht dann richtig herum an?

Wahrscheinlich liegt es daran, dass es dieses Standardleben doch irgendwie gar nicht gibt.

Jeder tut womöglich das, was für ihn richtig ist und am Ende kommt dann entweder ein Garten heraus oder eine Dachterrasse.

Der ewige Kreis:

Eine Dachterrasse muss frei werden, damit eine Neuvierzigerin weiter existieren kann. Sich zurücklehnt mit einem Smoothie in der Hand und sich an die vergangenen Zeiten der Matschfüße erinnern kann, die sich selten nur im Garten ausgetobt haben.

Diese Dachterrasse hat viele Geschichten zu erzählen von vollgekotzten Blumenkübeln und der Unwissenheit über die teuflische Wirkung von alkoholischen

Mixgetränken und wahrscheinlich Liebesdramen ohne Ende. Von Träumen und Wünschen an die Zukunft. Von coolen Partys und bestandenen Abschlüssen.

Eine andere Neuvierzigerin hingegen braucht den überflüssig gewordenen Garten, der viele Geschichten erzählt, von aus Versehen doch gegessenen Sandküchlein, Kindertränchen nach Schaukelunfällen, krampfhaft runtergekippten Rotweinen im Zuge der wichtigen Partnerschaftszeit, Kürbisschnitzen und Eierfärben. Gipsmasken basteln und Poolpartys.

Bei der Schlüsselübergabe von Vierzigerin an Vierzigerin kann man, wenn man ganz leise ist, auf beiden Seiten vergangenes Lachen hören und übermütiges Kreischen von kleinen und großen Kindern, die ihre unbändige

Lebensfreude nicht in sich behalten können.

Bald ist es auch bei mir soweit: Ich tausche Leben – gegen Leben.

Bis dahin streife ich aber einfach noch ein bisschen durch die Welt, zwischen den Welten und freue mich auf meine Party.

Bis zur nächsten Woche

Eure

Michaela Röder

(Buchautorin, Beziehungscoach, 39, noch Garteninhaberin und Wanderin zwischen den Welten)

„Mit 40 hast Du gelernt, den Kopf oben zu halten, damit Deine Krone nicht rutscht."

Mit 40 weiß man: Hinter der größten Angst wartet das, wovon man nicht zu Träumen gewagt hat

Es gibt viele Dinge, die man endlich gelernt hat, wenn man 40 wird. Zum Beispiel das es überhaupt nichts bringt, einem Mann etwas zu erklären, was die Länge von 30 Sekunden überschreitet. (Buch: Frauenwaffen von A bis Z)

Das ist nicht böse gemeint. Es ist ein Gesetz der Natur.

Ebenso wie Frauen dann endlich wissen, dass es an den Tagen vor den Tagen nichts bringt, auf Schokolade und Currywurst mit Pommes verzichten zu wollen.

Ich habe da eh meine eigene Theorie. Ich glaube nämlich, dass alle aufgenommenen Kalorien, mit in den OB wandern und zu passender Zeit im Klo verschwinden. Wahrscheinlich ist dies eine der törichten Notlügen, die man sich zuweilen selbst auftischt.

Na und?

Das sind natürlich alles, schnöde und profane Dinge. Völlig unwichtig, wenn es um Leben oder Tod ginge.

Obwohl, ich würde schon auf Currywurst und Pommes kurz vor dem Ableben pochen aber das zu gegebener Zeit.

Ich habe auch gelernt, nicht darüber nachzudenken, was wohl im nächsten Monat ist.

Es sei denn, es geht um meinen Urlaub. Den buche ich selten last-minute aber dann ist es auch schon egal, wenn man einen gebuchten Urlaub verpasst, weil man auf dem Weg zum Mars oder zur Venus ist.

Die viel wichtigere Lektion ist, dass hinter der Angst das größte Glück wohnt. Zugegeben ich schrieb diese Weisheit schon mit 33 in mein Pink-Thinker Buch aber das tut nichts zur Sache.

Wirklich begriffen habe ich es erst, als ich es ständig und immer wieder tat, weil ich es natürlich wagemutig in das Buch geschrieben hatte. Nun stelle man sich vor, dass man in der Öffentlichkeit genau das Gegenteil täte.

Ein großer Beweis meine Angst überwunden zu haben war die

Veröffentlichung eines Buches an sich und taaaadaaaa da sieht man wieder: Es hat sich gelohnt.

So wie eigentlich immer. Es scheint manchmal, als wenn die Angst ein regelrechter Hinweis darauf ist, dass es hinter ihr erst richtig spannend wird.

Ich unterscheide allerdings auch zwischen Angst und Angst. Natürlich kann man sich überwinden, aus dem Flugzeug zu springen. Es erschließt sich mir nur nicht. Sollte ich also nicht zufällig eines Morgens, mit dem unstillbaren Bedürfnis aufstehen, mich aus einem Flugzeug stürzen zu wollen, werde ich meine inneren Kräfte auch ganz sicher nicht mobilisieren, dies zu tun.

Warum auch?

Natürlich gibt es Coaches, die verfolgen da eine andere Theorie. Von wegen: den Moment der Überwindung erst einmal gespürt haben und sich dann daran erinnern, bei kommenden Herausforderungen.

Jaja, alles schön und gut. Das kann man auch haben, wenn man sich ein Softeis kauft und die Angst überwindet, einer Salmonellenvergiftung zu erliegen. Vielleicht, eventuell.

Also ja gut, ich gebe es zu: Eventuell ist an diesem Flugzeugding doch etwas dran, aber das muss ja jeder selber wissen.

Ich meine andere Ängste, wie zum Beispiel die Angst, sich selbstständig zu machen. Ausgetretene Pfade zu verlassen.

Eine Situation zu verändern die einen nicht erfüllt, obwohl man es zunächst dachte. Die Angst dem Scheitern ins Auge zu blicken.

Diese Art von Ängsten meine ich.

Ein klassisches Beispiel war meine Angst vor dem Alleinsein, vor der Trennung von meinem ersten Ehemann. Ich war natürlich noch relativ jung und hatte viel zu lange in einer Situation ausharrt, die für uns alle nicht erquicklich war.

Als es dann gar nicht mehr ging und meine innere Kraft stärker wurde, als die Angst, war es zwei Wochen unangenehm. Wie das halt so ist, wenn man sich an eine neue Situation erst gewöhnen muss, aber es war nicht wirklich den inneren Kampf wert.

Im Gegenteil. Nach den ersten Wochen wurde es immer besser. Diese Freiheit, dieses Gefühl für sich selber da zu sein, hat mir so gut gefallen, dass ich es fünf Jahre mit Freude lebte und ich hätte es auch weiter so gehandhabt, wäre nicht mein heutiger Ehemann in mein Leben geschneit um mich zu „erretten".

Was eigentlich ja nun gar nicht nötig war. Witzigerweise zeigte sich an dieser Stelle die gleiche Angst in anderer Gestalt.

Ich hatte auf einmal Angst eine neue Bindung einzugehen. Weil ja alles hätte schief gehen können. Ich überwand meine Angst erneut und siehe da, wieder fand ich Erfahrungen, Liebe und Glück. Dinge, mit denen ich so nie gerechnet hätte.

40 werden ist deshalb so wundervoll, weil man all dies schon einmal in irgendeiner Form erlebt hat. Man kann auf Erfahrungswerte zurückgreifen (ja liebe Coaches, das Prinzip des Fallschirmsprungs). Man hat gelernt, dass man fast immer weich fällt im Leben, weil die eigene Kraft viel gewaltiger ist, als man selbst angenommen hat.

Und man weiß jetzt: Wenn man nicht weich fällt, dann tut einem eine Weile der Hintern weh und dann geht's heiter weiter.

Mit 40 hat man „Nein" sagen gelernt

Irgendwie ist mir dieses Thema in letzter Zeit ständig vor die Gedanken geflitzt.

Missbrauch, Missachtung und Übergriffigkeit.

Nicht in Form von sexueller oder körperlicher Gewalt.

Eher so in Form von: „Kannst du noch mal eben?"

„Es macht dir doch nichts aus wenn …?"

„Ich weiß die Stunde ist um, aber du magst doch deinen Job."

„Es geht mich ja nichts an … aaaaber …"

Noch vor fünf Jahren hätte ich den Zirkus wahrscheinlich mitgemacht.

Ich hätte zwar den Missbrauch erkannt aber ich hätte es einfach erduldet. Gütig lächelnd.

Übergriffigkeit finden wir alle ständig an jeder Ecke.

Da wird emotional erpresst, bis sich die Gehirnbalken biegen. Hauptsache man hat seinen Willen durchgeboxt.

Alle wissen, was das Beste für dich ist. Außer du selbst natürlich. Deine Meinung wird dir abgesprochen.

Alle halten sich dezent heraus, außer sie glauben, sie wissen es besser. Oft eingeleitet durch das berühmte „AAAABER".

Manche lassen ihre Launen oder Machtlosigkeiten an einem aus.

Da wird man schnell mal zum Spielball irgendwelcher Egos oder

Psychoprobleme und das alles nur, weil
man ein etwas unentspanntes
Verhältnis zu diesen vier kleinen
Buchstaben hat.

Nicht mehr mit mir!!!

Ich habe nämlich jetzt, wo ich 40
werde, das „NEIN" für mich entdeckt.

Praktisch zwischen der Freiheit, sexuell
anspruchsvoll zu sein und dem
Snakeserum von Harald Glööckler, war
es auf einmal da.

Es strahlte in seiner ganzen Pracht. Es
leuchtete mir sozusagen ein. Das
„Nein".

Seitdem schleppe ich es mit mir herum
und benutze es bald öfter als das
Snakeserum.

Frau Röder können sie mal eben das
Kapitel bis 12 Uhr ändern? Es ist uns in

Vergessenheit geraten aber heute brauchen wir es auf einmal schnell.

Da es bereits 11 Uhr ist, lautete meine Antwort: „Nein".

Könnten sie vielleicht auch gratis bei uns aus ihrem Buch lesen? Wir machen ja auch ein bisschen Werbung in unserer Metzgerei. Ich lächle freundlich, hole tief Luft und sage: „Nein."

Das hat nichts mit meinem beruflichen Werdegang zu tun oder wie weit ich gekommen bin. Das mag von außen so aussehen aber in Wahrheit ist es mein innerer Zustand. Ein Zeichen dafür, wie weit ich innen gekommen bin.

Ich lasse mich nicht mehr überfahren, missbrauchen oder schlecht behandeln.

Schon gar nicht, wenn ich dafür zahlen soll. Wie viele tolle Schuhe kann ich mir für 500 Euro kaufen? Naja 4 Schuhe also 2 Paar, um genau zu sein. Na und?

Kein Grund mich deshalb schlecht zu behandeln. So bot mir letztens jemand seine Dienstleistung an. Es sollte um die 500 Euro kosten.

Ich sagte zu, auch in Hinblick auf eine weitere Zusammenarbeit mit diesem Dienstleister.

Dann kam nichts, außer einsilbige, mangelhafte Kommunikation. Verweisung an andere Gesprächspartner, deren Namen man mir erst auf Nachfragen mitteilte und wochenlanges Warten auf eine simple Antwort.

Nach einer Weile bedankte ich mich freundlich und erklärte mein:

„Nein."

Mit solchen Menschen macht eine Zusammenarbeit einfach keinen Sinn. Das habe ich im Laufe der Zeit, zuweilen schmerzhaft, gelernt.

Diese Menschen werden bleiben, wie sie sind, weil sie denken man würde es schon erdulden.

Ich meine, denken können sie viel aber machen können sie es eben nicht mehr.

Ich habe das „Nein" kennengelernt und weiß heute gar nicht, warum ich irgendwann mal nur so schwer mit ihm umgehen konnte.

Was ich tue, tue ich nun gerne. Was ich nicht möchte oder nicht gerne tue, verneine ich.

Ihr glaubt gar nicht, wie viele Freiheit es einem bringt und wie viel Lebenszeit es einem schenkt. Zeit, die man sich nicht ärgern muss, dass man einen Gefallen zugesagt hat, den man eh nicht gerne tut und die Zeit für den Gefallen selbst.

Spenden an der Haustüre sammeln?

Freundlich schauen, lächeln: „Nein".
Türe zu.

Ich spende einen jährlichen Betrag an verschiedene Organisationen, die mir bekannt sind.

Anrufe wegen Zeitungsabos?
Freundlich, mit einem Lächeln in der Stimme:

„Nein!" Hörer auflegen und gut.

Sexuelle Anspielungen eines Geschäftspartners beim Lunch? Freundlich lächelnd aufstehen, Geld auf den Tisch legen: „Nein, danke." Gehen!

Babysitter -, Einkaufs-, Fahrdienste für „Freunde", die leider immer just dann keine Zeit haben oder ein schweres Leiden, wenn man sie mal bräuchte? „Nein!"

Natürlich hat man irgendwann den Ruf einer Zicke.

Der Unterschied ist: Eine Zicke würde sich echauffieren und erklären, womöglich zetern und poltern.

Das ist es mir meist gar nicht wert. Ich erkläre mich wenn, dann kurz und schmerzhaft. Meistens bin ich einfach nur freundlich aber bestimmt.

Das nennt man nicht: Zicke.

Das nennt man: Eine Frau, die weiß was sie will und sich auch traut, es zu sagen.

Noch Fragen?

„Nein!"

Michaela Röder

(Buchautorin, Beziehungscoach, 39, in einer Beziehung mit dem „Nein" (es ist nicht kompliziert) und bald 40)

„Mit 40 kennst Du Vitamine, die nur in Schokolade enthalten sind."

Mit 40 teilt sich das Karma

Das sagte mir meine Großmutter immer.

Dazu muss man wissen, ich komme aus einer wirklich spirituellen Familie.

Beide Großmütter legten Karten und beschäftigten sich mit Astrologie. Ich konnte eher Tarotkarten deuten, als ich lesen konnte.

Natürlich kamen oft weinende Menschen zu meinen Omas. Frauen mit Problemen. Meine Oma legte ihnen die Karten und dann gingen sie entweder mit Kampfesmiene oder zumindest ein wenig zuversichtlicher, ihrer Wege.

Im Grunde ist das, was ich heute mache nichts anderes. Ich habe es nur etwas psychologischer aufgezogen. Der Neuzeit angepasst.

Heute heißt es Beziehungscoaching.

Auf Wunsch lege ich aber meinen Kunden auch gerne die Karten. Weil ich es eben kann.

Natürlich ist der Kartenblick nicht wissenschaftlich begründet aber zumindest kann man, wenn man denn dran glauben möchte, eine grundsätzliche Tendenz erahnen. Manchen Menschen fällt es auch einfach leichter, sich ob der Karten bewusst zu werden, was sie eigentlich im Inneren längst gespürt haben.

Nun denn. Ein gut gemeinter Rat meiner Oma an ihre Ratsuchenden war immer:

„Mit 40 teilt sich dein Karma. Dann hast du alle Probleme und Schulden aus dem früheren Leben abgegolten und kannst in der zweiten Lebenshälfte

Neues aufbauen." (Also neuen Blödsinn anzetteln, den du dann im nächsten Leben ausbaden darfst?)

Dieser Satz ist mir im Gedächtnis geblieben und ja, manchmal dachte ich in schwierigen Situationen, dass es jetzt vielleicht auch so eine Karmasache ist. Ich bin aber grundsätzlich eigentlich nicht, schwebend über den Dingen oder irgendwie Hui-Buh.

Ich sehe die Dinge realistischer. Ich glaube an die Aussagen der Karten und ich glaube auch nicht an Zufälle.

Ich glaube, dass es etwas gibt, das uns leitet und das wir unter bestimmten Voraussetzungen auch Einblick in die Dinge nehmen dürfen. Andere Dinge, die wir nicht wissen sollen, bleiben auch im Verborgenen.

Das ist auch gut so.

Zurück zur Karmateilung. Wie darf ich mir das, als moderne, mitteljunge Frau nun vorstellen?

Ich habe all die Jahre damit gelebt und nun beginne ich erst, mir Gedanken darüber zu machen. Typisch frau oder typisch ich?

Wenn ich also am heutigen Tag eine Kleidergröße 44 habe, ist dann zu erwarten, dass ich in der zweiten Lebenshälfte endlich den Panzer ablege und ein sehr dünnes schlankes Leben führe?

Auch wünschenswert wäre es, wenn sich mein sogenanntes Ballkarma verändern würde.

Wann immer ich an ballspielenden Menschen vorbeigehe oder gar mitspiele, was ich in den letzten Jahren stark eingeschränkt habe, ist damit zu rechnen, dass ich einen Ball vor den Kopf bekomme.

Wünschenswert wäre es alleine schon deshalb, weil es schon ziemlich dämlich aussieht, wenn man wie eine mondäne, junge Marlene Dietrich die Straße entlang wandelt und auf einmal, erst mit den Augen anfängt zu zucken und später immer nervöser, in eine angedeutete Duckhaltung verfällt, ehe man die Gefahrenstelle umschifft hat.

Das wäre mal ein super Effekt, wenn das wegfiele. So als Dank für 40 treue Jahre.

Es gibt allerdings auch ziemlich gute Karmas, wie ich finde. Ich habe fast immer Glück und wenn auch nur im Unglück. Finde immer einen Parkplatz oder erfinde einen und bekomme dafür nicht einmal ein Ticket.

„Das ist kein Karma", belehrt mich eine Freundin. „Das sind Synchronitäten."

Ach ja stimmt, ein Muster, welches sich bildet, wenn sich zwei „Zufälle" mindestens einmal wiederholen.

Also: Ich gehe an Ballspielern vorbei und der Ball trifft mich. Es passiert mir ein zweites Mal. Infolgedessen gehe ich also davon aus, dass es mir immer passiert und deshalb passiert es auch immer?

Hat es vielleicht also nichts damit zu tun, sondern eher mit den Aufgaben, die sich einem stellen?

Vielleicht eher so wie: Du gerätst nun nicht mehr an irgendwelche Neidamseln, die sich irgendwie an dir reiben, und versuchen dir irgendwas kaputt zumachen, bis sie völlig entkräftet aufgeben.

Ich glaube, die Neidamseln wird es weiter geben, aber mich interessieren sie einfach nicht mehr.

Karmateilung heißt vielleicht, ich fange im karmischen Sinne völlig neu an. Wie ein leeres unbeschriebenes Blatt und kann nun eigentlich machen was ich will, sozusagen den Rest meines Lebensbuches selber schreiben?

"Leider nicht", belehrt mich eine Schamanin. „Dein Lebensbuch ist zumindest in den Hauptkapiteln festgeschrieben, es gibt höchstens hier und da ein paar freie Seiten, zum selber eintragen.“

Verstehe! Es bleibt Platz für meine berühmt berüchtigten Umwege.

Für meinen unsagbaren Drang die Dinge manchmal komplizierter zu machen, als sie sind.

Trotzdem glaube ich an eine Art Karmateilung. Ganz einfach weil: Ich habe bis hierhin viel gelernt und das kann ja nicht alles umsonst gewesen sein und nein, ich glaube auch nicht, dass man den ganzen Mist durchlebt hat, um irgendwann mit 99 diese Welt zu verlassen und im nächsten Leben, neu damit anzufangen. Ich glaube schon, dass man Erfahrungswerte auf eine seltsame Art speichert und dann mitnimmt in ein neues Leben.

Nun heißt es für mich, während ich diese Zeilen schreibe: In neun Tagen werde ich 40 und dann beginnt für mich irgendwie schon ein neues Kapitel und ein bisschen fühlt es sich so an wie leere Blätter, die es zu beschriften gilt, natürlich in Sonntagsschrift und den schönsten Farben.

Am 40. Geburtstag fühlt sich nichts anders an

Ich bin aufgewacht und war 40. Einfach so. Also wir hatten um Mitternacht Champagner getrunken aber sonst, gab es keine weiteren Merkmale. Könnte natürlich am Champagner liegen.

Ich meine, erst einmal positiv zu sehen ist ja, dass ich überhaupt aufgewacht bin. Wahrscheinlich bin ich aber doch noch nicht wirklich in dem Alter, wo ich darüber nachdenken sollte.

Wie auch immer. Ich habe mich angezogen und mein Mann wollte mit mir frühstücken gehen. Ganz opulent und groß und so.

Mir stand der Sinn jedoch, nach etwas Anderem. So kauften wir uns ein Baguette in meiner

Lieblingsbaguetteria und setzten uns an meine Lieblingsstelle am Rhein.

Es war traumhaft. Es war zwar sehr diesig und bewölkt an dem Tag aber der Wind wehte um meine Nase und ich saß so da und dachte, dankte und sinnierte.

Dann wurde mir klar:

Das Leben ist wie dieser Fluss. Das Wasser wird nie wieder so, an der gleichen Stelle sein. Nur in diesem einem Moment und ist dieser Moment vorbei, wird er nicht wiederkommen. Viele Momente der letzten Jahre sind auch in Gedanken an mir vorbeigeflossen. Schöne, Schlimme und die, bei denen man dankbar ist, dass es sie nur einmal gab.

Momente, die man gerne öfter erlebt hätte. Erste Momente, letzte Momente.

Ein wenig Wehmut mischte sich in mein Geburtstagsgefühl.

Das Leben vergeht einfach so, und zwar verdammt schnell.

Denn die letzten 40 Jahre waren nicht wirklich eine lange Zeit und doch ist viel passiert.

Nach meinem Frühstück der Extraklasse stand ich auf und schickte meine Wünsche in Form von Muscheln, in den Fluss.

In der Hoffnung, das Leben schenkt mir weiterhin so tolle Momente, mit so tollen Menschen und Überraschungen wie in den letzten 40 Jahren.

Um 17:50 sagte ich endgültig „Goodbye39" und „Hello 40".

Dabei geholfen haben mir meine Familie, eine Louis Vuitton Torte in Taschenform, viele Blumen und Gesangsdarbietungen und natürlich das Beste in meinem Leben: meine Familie.

(Michaela Röder, Buchautorin, Beziehungscoach, 40 und noch nicht sicher, wie es nun weitergeht)

Mit 40 feiert man die beste Party ever, ever, ever

Das Radio weckt mich, die neue 40 Jährige mit dem Lied: „There´s a Party" von DJ Bobo. Schlagartig wird mir klar: Heute ist der große, wundervolle Tag meiner großen Party zum 40sten.

Was heißt groß. Ich habe nur die Engsten eingeladen. Die Stars und Sternchen in meinem Leben. Das war das Moto des Abends. Dresscode: Abendgarderobe am Redcarpet.

Ich wollte meinen Stars und Sternchen zeigen, dass sie mir wichtig sind. Sehr sogar!!!

Erst einmal Styling. Das blieb ja schon mit 15 nicht aus. Ab zu meiner Lieblingsschönheitsfee.

Mein Minime (Töchterchen 12) auch im Schlepptau. Ok, sie brauchte nicht mal Make-up aber Haare.☺

Stunden später: Ab nach Hause (Ja, mit 40 dauern die Stukateursarbeiten nun doch etwas länger. Kann aber auch daran liegen, dass wir unglaublich viel gelacht haben.)

Meine „kleine" Schwester kommt, sie muss mich ins Kleid schießen. Wir überlegen ja seit Jahren, ob es nicht Sinn macht, zu diesem Zweck, einen Tannenbaumtrichter anzuschaffen.

Es ist ein enges Kleid. Es sitzt auf Maß.

Hinten zum Schnüren. Puh das merke ich. Weiteratmen, weiteratmen, mir wird schwarz vor Augen. Hilft nix, es muss etwas lockerer geschnürt werden.

Es klingelt. Ein Teil meiner weiblichen Gäste steht vor meiner Türe und ich denke: „Hm, ich hatte sie doch zur Location bestellt?"

Insgeheim glaube ich natürlich, dass sie was planen.

Mein Mann hatte mir heimlich, eine riesenlange, weiße Limousine bestellt und die Mädels waren eingeweiht. Als sie vorfährt, kreische ich vor Freude. Ich werde auf Fotos geschoben und dann in die Limo gepackt. Meine Mädels hüpfen dazu und ab geht die Fahrt. Mit Sekt und lauter Musik. Wir feiern eine eigene Party vor der Party.

Selbst wenn diese Fahrt die einzige Party gewesen wäre, ich wäre die glücklichste Frau der Welt gewesen.

Die Limo hält vor der Partylokation.

Alles ist toll geschmückt und der rote Teppich liegt aus. Ich habe wenige Sekunden Zeit, dieses wundervolle Bild in mich aufzusaugen. Alle meine Lieben warten auf mich und winken.

Beim Aussteigen verliere ich meinen Schuh und mein Mann zieht ihn mir wieder an. Ein richtiger Märchenmoment.

Sie haben an alles gedacht. Meine Schwester, zufällig die bekannteste Candybar Betreiberin in ganz Deutschland, hat mir eine glamouröse Candybar gezaubert. Eine Freundin hat Aufgabenzettelchen verteilt. Aufgaben, die jeder um eine bestimmte Uhrzeit erfüllen muss.

Einen Harlemshake haben sie vorbereitet, Tanzspiele und:

Eine Märchenaufführung der ganz besonderen Art. Ich habe nun übrigens meine eigene Straße. Elaweg 40.

Mein Sohn macht den DJ und wir tanzen und singen. Ich tanze nach einigen Jahren wieder einmal mit meinem Vater. Ein toller Moment.

Es vergeht alles wie im Flug. Um halb vier in der Nacht denke ich: „Hups, schon vorbei? Ich bin doch grad erst gekommen?" Oder ist das ein sicheres Zeichen, dass ab 40, die Zeit angeblich schneller vergeht?

Ehe ich einschlafe denke ich:

„Yippie, ich bin 40 und mein Leben ist nicht perfekt aber wundervoll, weil ich die großartigsten Menschen in meinem Leben haben darf, die es gibt."

Ich danke Euch dafür und ihr habt mir diesen Tag zu einem unvergleichlichen Erlebnis gemacht.

Ich bin 40! Wow wer hätte das gedacht. Es hat nicht wehgetan, im Gegenteil, es fühlt sich nach wie vor fabelhaft an.

(Michaela Röder, Buchautorin, Beziehungscoach 40, hat sich vorgenommen, jetzt jeden Tag in irgendeiner Weise irgendeine Party zu veranstalten.)

Von der Prinzessin zu Queen of the Day

An meinem Geburtstag bekam ich eine Schokolade geschenkt, mit der Aufschrift: „Queen of the Day". Sicher nett gemeint, doch ich musste leider Korrekturen vornehmen.

Es muss heißen: „ Queen of every day!"

Versteht sich von selbst oder?

Nein aber jetzt mal im Ernst. Kommt es mir nur so vor oder hat sich, seit ich 40 bin, so einiges getan?

Offensichtlich, denn meine Prinzessinnenschuhe wollen mir nicht mehr so ganz passen. Ich bin nicht mehr so liebreizend, bescheiden, abwartend, erwartend und empfangend. Eher so fabelhaft, bestimmt, regierend, gebend.

Das merkt man an einigen Stellen.

Ich lasse mir im Supermarkt nicht mehr die zerdötschte Pralinenpackung andrehen – für denselben Preis versteht sich. Später sehe ich dann lächelnd darüber hinweg, dass die Person die ich damit beschenken wollte, irritiert die Packung ansieht und aufs Verfallsdatum schaut.

Neu ist: Freundlich aber bestimmt lasse ich die Kassiererin ins Lager laufen und bedanke mich selbstverständlich, mit einem hinreißenden Lächeln, als hätte ich ihr böses Geknurre nicht gehört.

Auch das Ausgefrage einer Kollegin, wie man denn dies und das nun im Manuskript aufbauen könne, quittiere ich mit einem Hinweis auf Google und entschuldige mich. Ich habe schließlich viel zu erledigen.

Ja, so ein Königreich namens Leben zu regieren, ist nicht so einfach.

Klingt vielleicht überheblich aber immerhin muss man entscheiden:

Wer darf hinein?

Wer muss wieder hinaus?

Wer darf ins Thronzimmer?

Was gehört dazu? Was nicht?

Jeder ist der Regent, in seinem eigenen Leben aber es wird mir nun jetzt erst richtig klar.

Ich bin dabei noch eine wirklich fröhliche und angenehme Herrscherin aber ja, ich habe irgendwie vollständig, das Zepter übernommen.

Gemeinsam, mit den anderen Königinnen in meinem Leben, tauschen wir uns über Hofnarren aus, die es aus gutem Grunde nicht neben uns auf den Thron geschafft haben und Narren, die dachten, sie könnten mit Frechheiten und verrücktem Verhalten überhaupt unseren Hofstaat betreten.

Wir reden über Dinge, die einer Königin von heute das Leben einfach leichter machen. Zum Beispiel Einparkhilfe, Shapewear, Fibralogy-Shampoo usw. .

Wir haben das körpernahe Winken geübt. Schön das Ärmchen nah am Körper führen und dann nur leicht, kaum merkbar, das Händchen aus dem Handgelenk drehen. Besonders zu empfehlen ab Kleidergröße 42, da sonst der ganze Arm in Schwingung gerät und - naja was soll ich sagen?

Insgesamt sind die Königinnen im Klub der 40er alle sehr, sehr nette und gütige Frauen aber zuweilen werden sie missverstanden.

So kommt es zum Beispiel oft dazu, dass wir für zickig gehalten werden.

Dabei sind wir nur unterzuckert, da sich auch der Blutzuckerspiegel irgendwie verändert und die Toleranzspanne bei Weitem nicht mehr so ausgeprägt ist.

Bedeutet: Entweder es gibt regelmäßig, alle drei Stunden, ein nettes Häppchen oder, die Sache wird für uns alle unnötig unschön.

Ebenso gelten wir als wählerisch.

Das würde ich so nun auch nicht sagen.

Es ist nur so, dass auch hier unsere Toleranzschwelle herabgesetzt wurde, durch zahlreiche Erfahrungen mit Dingen oder Personen, die sich als aufwendig und zudem nutzlos entpuppten.

Im Klartext: Wir lassen uns nicht mehr zum Opfer oder Bittsteller degradieren in der bloßen Annahme, einer Aussicht auf eine gute Beziehung, einen Orgasmus oder sonstige Freuden des irdischen Lebens.

Ebenso erkennen unsere geschärften Sensoren: Schwätzer, Lügner, Neidamseln, Kackbratzen und Möchtegerns bereits am Schritt, ehe sie den ersten Fuß in unseren Hofstaat gesetzt haben.

Wir sind nicht wählerisch und wir wissen auch noch nicht ganz genau was wir wollen aber auf jeden Fall: was wir nicht mehr wollen, und: Wir wollen es sofort!

Außerdem haben wir ausreichend Kenntnisse darüber gewonnen, was Männer wirklich um den Verstand bringen kann. Nämlich eine Königin, die fest in ihrem Thron sitzt.

Manche würden sagen, wir sind biestig. Er aber denkt. Es ist sein süßes Schicksal und ein wundervolles Geschenk, eine solch starke Frau zu treffen.

Manche würden sagen, die 40er-Königinnen sind Maneater.

Wir nennen es: Ein wenig umschauen. (Auch wenn Königinnen aus dem Klub der 40er verheiratet sind, halten sie den Markt im Blick. Schließlich steigt mit zunehmendem Alter die Wahrscheinlichkeit, den König durch Unwegsamkeiten wie zum Beispiel, Midlife-Crisis, frühe Witwenschaft oder Stimmungsschwankungen zu verlieren.

Natürlich lässt eine verheiratete Königin sich nicht zur Untreue herab, zumindest nicht offensichtlich. Das würde ja auch nur Stress und Unruhe mit sich bringen.

Auch in einer bestehenden Beziehung verändert sich eine 40erin nun einmal zur Königin, sie wird sich gewisse Unverschämtheiten nicht mehr bieten lassen. Was wohl auch der Grund ist, warum sich manche Ehen und Beziehungen auf einmal in Luft auflösen.

Der gute Ehemann kann wahrscheinlich gar nicht fassen, warum seine süße Prinzessin auf einmal seine Launen nicht mehr ertragen möchte und nicht mehr bereit ist, seine Ausfälle zu akzeptieren.

Auch unentschlossene Werber haben es bei Königinnen schwer. Das Wort VIELLEICHT ist im Wortschatz einer, zur Königin gewordenen 40erin, urplötzlich nicht mehr auffindbar.

Es gibt „Ja" oder „Nein".

Ein „Vielleicht" katapultiert einen potenziellen Kandidaten sogleich aus dem Rennen. In Ehen führt ein „Vielleicht", zu einsamen Abenden auf dem Sofa. OHNE vorgekochtes Essen!

Einmal zur Königin geworden, wartet die ehemalige brave Prinzessin nämlich nicht mehr, ob sie eventuell oder vielleicht am Samstag ausgeht, sie geht!

Und wer bis 48 Sunden vorher nicht angefragt hat, der hat eventuell auch einen wunderschönen Abend aber ganz sicher ohne sie.

Wer nicht bereit ist, eine Königin als gleichwertigen Partner zu betrachten, sondern versucht sie zu dominieren, wird keine Freude an ihren Fähigkeiten haben. Dies gilt auf für den Job und in der Nachbarschaft.

Natürlich habe ich in diesem Kapitel maßlos übertrieben oder doch nicht? Naja was kümmert es mich.

Jede Königin wird es so halten, wie es für sie passt.

Willkommen im Klub! 40 und fabelhaft

Hier endet nun meine spannende Reise über die Schwelle der 40.

Solltest du eine Frau sein, die kurz vor der 40 steht: Es hat nicht wehgetan im Gegenteil. Nur Mut!

Es ist, als wenn du so ganz langsam beginnst, dich zu deiner wahren Größe zu entfalten.

Solltest du eine Frau über 40 sein, dann möchte ich mich kurz vorstellen. Mein Name ist Michaela Röder, Buchautorin, Beziehungscoach, 40 und fabelhaft.

Ich bin neu im Klub und das mit Vergnügen.

Denn 40 Jährige sind:

Wahre Königinnen,

fabelhaft,

Lebenskünstlerinnen,

dreimal chemisch gereinigt,

stark,

wundervoll,

begehrenswert,

lebenshungrig,

verwöhnt,

großartig,

erblüht,

willensstark,

und eben alles, was sie sein wollen.

Mein Garten ist inzwischen
Vergangenheit. Ich bin keine Wandlerin
mehr zwischen den Welten. Die
Schlüsselübergabe ist erfolgt.

Ich besitze nun eine Dachterrasse. Ein bisschen Wehmut war natürlich dabei. Ein kurzer Blick zurück, eine Erinnerung an die schönen Zeiten, als die Kinder klein waren und dann ging es ganz leicht. Ich sitze auf meiner Dachterrasse, schreibe eine neue Kolumne und schaue nach vorn.

Ich freue mich auf das, was kommt!!!

Michaela Röder (Buchautorin, Beziehungscoach, 40, auf dem Thron angekommen, ein wenig müde von der Verwandlung, trotzdem topfit und vor allem: fabelhaft.)

Anhang

Kleines Überlebenstraining für 40 Jährige.

Es gibt ein paar Dinge, die sollten wir auf jeden Fall unterlassen. Ich weiß, der innere Trieb wird uns mehr und mehr zu folgenden Handlungen treiben. Unterbindet es. Je eher desto besser. Dann werdet ihr auch mit 50 noch fabelhaft und jung sein.

- Steckt euch nie, niemals benutzte Taschentücher in die aufgeschlagenen Strickjackenärmel!
- Benutzt Untersetzer nur, wenn das Material des Tischs dies unabdingbar vorgibt. Es ist nicht nötig auf eine Kunststoffplatte, einen Glasuntersetzer zu legen.

- Steigt aus Gesprächen aus, bei denen es eine Stunde nur darum geht, warum es im Ausland nie gutes Brot gibt.
- Unterdrückt eure aufkeimende Abneigung gegen Piercings und neumodische Tattoos. Schon das Arschgeweih vergessen?
- Schneidet keine Brötchen über der Spüle auf!
- Fangt an der Supermarktkasse nicht an, euch mit den Rentnern um den Platz an der Kasse zu streiten. Denkt auch erst gar nicht daran, jetzt noch mal richtig Gas zu geben, um ihnen den Weg abzuschneiden und wenn ihr an der Kasse steht: Beruhigt euch, falls nicht genug Trennhölzer bereitliegen. Niemand führt etwas Böses im Schilde.

- Redet nicht – ich wiederhole: nicht über die schlechte Angewohnheit mit dem Smartphone oder Tablet rumzuspielen.
- Sagt niemals: „Früher oder als ich JUNG war!"

Nun dürftet ihr gewappnet sein.

Vielleicht habt ihr Lust meinen Blog zu besuchen, dem dieses Buch entspringt?
www.liebe-sex-gemeinheiten.de

Das war nun meine persönliche Geburtstagsfeier in Buchform.

Ich hoffe, es hat Euch eben soviel Freude gemacht, wie mir.

Gerne komme ich unter bestimmten Umständen (siehe Website) zu eurem Fest (39., 40. Geburtstage eigenen sich perfekt) und lese für Euch, Eure beste Freundin, Arbeitskollegin oder Nachbarin auch aus diesem Buch.

Danke, an all meine Leser und Ratsuchenden, die mich schon so viele Jahre begleiten und es werden immer mehr!

Danke an alle, die mich meinem Weg begleitet haben. Mir Rede und Antwort standen und meinen großen Tag, zu etwas ganz Besonderem haben werden lassen.

Das größte Dankeschön geht an meine Familie und Freunde, die mich lieben und liebten, durch alle Zeiten. Ich liebe Euch!

Die Autorin

Michaela Röder schreibt Bücher, die die Frauenwelt braucht wie Nutella zum Frühstück. Sie erklärt, wie man Frösche in Traumprinzen verwandelt. Und was Frösche tun können, um sich in Traumprinzen zu verwandeln. Und mit welchen Frauenwaffen man Männer „zähmt". Kurz, Michaela Röder, Shopping Queen und Beraterin in allen Lebenslagen, kennt sich aus im Dschungel der Gefühle. Außerdem verrät die Buchautorin und Beziehungscoach, warum es so viel schöner ist, öfter das Think-Pink-Prinzip zu leben.

Kein Wunder, dass die Öffentlichkeit längst auf die quirlige Expertin aufmerksam geworden ist. Bei Radio Arabella München gab sie in der Morning Show Radio Arabella am

Vormittag Tipps zum positiven Denken. 2012 wickelte sie in der VOX-Sendung Shopping-Queen den strengen Modedesigner und Juror Guido Maria Kretschmer um den Finger und überzeugte ihn von ihrer positiven Lebenseinstellung. Von einer ganz anderen Seite zeigte sich Michaela Röder im ZDF-Magazin Volle Kanne. Im Beitrag "Festgenagelt" demonstrierte sie, wie man einen Mann dazu bringt, endlich die kleinen Baustellen im Haus anzugehen. Tatkräftig unterstützt von Mick Wewers, dem bekannten Handwerksprofi.

Ihre ernsthafte und nachdenkliche Seite zeigte sie in der Wahlarena der ARD im Gespräch mit Peer Steinbrück, dem sie im persönlichen Gegenüber, Fragen zur Gleichstellung der Frau stellte.

Darüber hinaus reist sie mit ihrem Leseprogramm Liebe, Sex und andere Gemeinheiten durch die Lande, das sie augenzwinkernd, als "viel Fachwissen mit großem Unterhaltungswert" bezeichnet. Eine Frau, die viel zu sagen hat und selber großen Unterhaltungswert besitzt.

(Text: Daniela Schwan, Journalistin, Betreiberin des Münchner Szene Magazins: www.Schwaenchens-Blog.de

Weitere Bücher der Autorin:

Das neue Pink-Thinker Buch – Werde Besser-Denker und finde dein Glück (2014)

Frauenwaffen von A bis Z – Wie man Frösche in Traumprinzen verwandelt (2011)

Männerwaffen von A bis Z – Wie du vom Frosch zum Traumprinzen wirst

(2013)

Weitere Projekte:

Liebe, Sex und andere Gemeinheiten
www.liebe-sex-gemeinheiten.de
(Blogprojekt zum Leseprogramm)

Liebe, Sex und Düsseldorf – Der
liebevolle Cityguide rund um Düsseldorf

Blog für die „JOY" – Das Bestseller
Trendmagazin

Pink-Love-Box – Die Liebesfragen-Box
von Münchens angesagtem
Stadtmagazin Schwaenchens-Blog